Bittere Nobelpreise

Bittere Nobelpreise

Alfred Neubauer

Bibliografische Information Der Deutschen Bibliothek:
Die Deutsche Bibliothek verzeichnet diese Publikation in der
Deutschen Nationalbibliografie; detaillierte bibliografische Daten
sind im Internet über <http://dnb.ddb.de> abrufbar.

Herstellung und Verlag: Books on Demand GmbH, Norderstedt

Printed in Germany

ISBN 3-8334-3448-1

Die Abbildung auf der Cover – Titelseite wurde vom Archiv zur Geschichte
der Max-Planck-Gesellschaft, Berlin-Dahlem, zur Verfügung gestellt.

Inhalt

Kurzbiographien 75

Foreword

THE TASTE OF NOBEL PRIZES

In nearly every language, taste sensations are used not just as literal descriptors, but also in a figurative sense. And none, I think, is as strong as "bitter." The initial taste of anything bitter is never forgotten. The memory of bitterness is just as strong, its capacity for evoking suffering undiminished by time.

How could the word be possibly applied to the Nobel Prizes? These unique distinctions in several (arbitrarily selected) fields of human creativity quickly acquired a mystique out of proportion to their monetary value. The Nobel Prizes recognized the best in human beings, who through their achievements became the focus for aspirations of both young people and of humanity. There is a time for everything under the sun; this is the time to praise.

Of course, the Nobel Prizes are sweet. Or are they? Let's skip over the deserved or misplaced pride of nations and institutions in the prizes. The awards assuredly bring unalloyed joy to the mothers and fathers of the winners. And to their communities, broadly defined. The consequences are less simple to the laureates themselves (I speak for myself), being a mélange of joy, of material and spiritual opportunity – including that of making a fool of oneself – of self-questioning, and of obligation. For the children of the recipients, they are perhaps something to overcome. And, given human nature, the Nobel Prizes engender an oh so large sum of painful disappointment in those not recognized, among those who do not have the psychological strength to come to peace with the workings of chance in the selection process.

The calculus of joy and disappointment aside, the vast majority of Nobel Prizes were, are a celebration of the good in people. But some are bitter. Bitter now, as we think about them, as they were bitter when they were awarded. In most of these cases a totalitarian government (or a political force perceived in the mind of a man) imposed its misguided will on a human being. An act of joy for the individual, a sublime moment for the community of knowledge, was thus embittered.

Forever? Not necessarily. The circumstances shape a confrontation between a man and an ideology. Thus creating the stuff of a play, a dramatic moment, a moment in which human beings face moral choices. We should be spared such tragic moments. And yet they allow us to take the measure of a human being. In currency ultimately more important than that of the Nobel awards.

Roald Hoffmann

Einleitung

In der jetzt schon mehr als 100jährigen Geschichte der Vergabe von Nobelpreisen gibt es einige wenige Persönlichkeiten, die die ihnen zuerkannte Auszeichnung von sich aus freiwillig abgelehnt haben beziehungsweise sich durch gesellschaftliche Zwänge veranlasst sahen, diese hohe Ehrung nicht anzunehmen. Dazu zählen in den Nobelpreiskategorien Chemie beziehungsweise Physiologie/Medizin der Chemie-Nobelpreisträger des Jahres 1938, Richard Kuhn, weiterhin einer der beiden Chemie-Nobelpreisträger des Jahres 1939, Adolf Butenandt, und der Nobelpreisträger für Physiologie/ Medizin des Jahres 1939, Gerhard Domagk.

Auf dem Gebiet der Literatur lehnten die Preisträger des Jahres 1958 und 1964, Boris Pasternak beziehungsweise Jean-Paul Sartre, den Preis ab. Der Friedensnobelpreis 1973 an Le Duc Tho und Henry Kissinger verknüpft sich mit der sofortigen Zurückweisung des Preises durch Le Duc Tho und der zwei Jahre später erfolgten Rückgabe der Nobelpreis-Insignien, Medaille und Diplom, durch Henry Kissinger an die Nobelstiftung.

In der Geschichte der Vergabe von Nobelpreisen gab es weiterhin eine Reihe von Fällen, bei denen sich auch die Annahme eines Nobelpreises mit Schwierigkeiten für die Ausgezeichneten verband. Besonders die beiden Weltkriege des 20. Jahrhunderts führten zu Störungen des Auszeichnungsgeschehens. So hatten die beiden Kriege auf die Verleihung von Nobelpreisen beträchtliche Auswirkungen, die ihren Niederschlag fanden in der Verschiebung von Verleihungszeremonien, im Wegfall von solchen Festveranstaltungen, in der Zurückstellung von vorgesehenen Auszeichnungen und im Verzicht auf die Vergabe von Nobelpreisen für bestimmte Kriegsjahre.

Kurz vor Beginn des Ersten Weltkrieges gab es am 3. Juli 1914 ein Dekret des Schwedischen Königs, die Verleihungszeremonie für die ‚schwedischen Nobelpreise', also die Nobelpreise für Physik, Chemie, Physiologie/Medizin und Literatur, ab 1915 nicht mehr am 10. Dezember, dem Todestag

Alfred Nobels, durchzuführen, sondern am 1. Juni. Die Auswahl und Verkündung der Nobelpreisträger sollte weiterhin im Herbst erfolgen, aber die Verleihungszeremonie sollte erst Anfang Juni des darauf folgenden Jahres stattfinden.

Einige Monate nach Beginn des Ersten Weltkrieges gab es am 3. November 1914 ein weiteres Dekret des Schwedischen Königs, das die Zuerkennung der Nobelpreise für das Jahr 1914 auf den Herbst 1915 verschob und außerdem festlegte, die offizielle Verleihung der Preise sowohl für 1914 als auch für 1915 erst am 1. Juni 1916 vorzunehmen. Man hatte wohl die Hoffnung, dass der Krieg bis dahin beendet sei./1/ Diese Bestimmungen brachten es mit sich, dass sowohl die Urkunde des Chemie-Nobelpreisträgers 1914, des US-Amerikaners Theodore William Richards, als auch die Urkunde des Chemie-Nobelpreisträgers 1915, des Deutschen Richard Willstätter, auf den 1. Juni 1916 ausgestellt sind. Kriegsbedingt verschob sich die zu diesem Tag vorgesehene Feier allerdings um weitere vier Jahre, sodass diese beiden Nobelpreisträger erst zum 1. Juni 1920 zur offiziellen Verleihungsfeier eingeladen wurden. Willstätter folgte dieser Einladung. Richards lehnte es ab, an dieser Feier teilzunehmen. Er wollte entsprechend der herrschenden politischen Nachkriegssituation eine Begegnung mit deutschen Wissenschaftlern vermeiden. Richards sagte seine Teilnahme mit der Begründung ab, „ ... *der Kontakt mit deutschen Wissenschaftlern könne erst nach einem öffentlichen Widerruf der Unterzeichner des Aufrufs* (gemeint ist das Manifest der 93 ‚An die Kulturwelt' von 1914, A. N.) *....wiederhergestellt werden."/2/* Schließlich kamen von deutscher Seite zu dieser Veranstaltung im Jahre 1920 sowohl die Chemie-Nobelpreisträger Willstätter (Nobelpreis für das Jahr 1915) und Haber (Nobelpreis für das Jahr 1918) als auch die Physik-Nobelpreisträger Laue (Nobelpreis für das Jahr 1914), Planck (Nobelpreis für das Jahr 1918) und Stark (Nobelpreis für das Jahr 1919).

Wie dramatisch und tragisch sich ungünstige politische Konstellationen in ihren Heimatländern auf die Empfänger von Nobelpreisen auswirken können, zeigen der Fall des Literaturnobelpreisträgers Boris Pasternak und die Fälle des

Friedensnobelpreisträgers Carl von Ossietzky, der Chemie-Nobelpreisträger Richard Kuhn und Adolf Butenandt sowie des Nobelpreisträgers für Physiologie/Medizin Gerhard Domagk. Auch die Zeit des Zweiten Weltkrieges führte zur Aussetzung von Nobelpreisvergaben und zur zeitlichen Verschiebung von Nobelpreiszuerkennungen beziehungsweise von Verleihungszeremonien. So weist die Chronologie von Nobelpreisen in den Kategorien Physik, Chemie und Physiologie/Medizin für die Jahre 1940–1942 keine Vergabe von Preisen aus. Die Vergabe von Nobelpreisen für Literatur wurde für die Jahre 1940–1943 ausgesetzt und der Friedensnobelpreis wurde in den Jahren 1939–1943 nicht vergeben. Durch Kriegs- und Nachkriegszeit entstandene Schwierigkeiten führten z.b. im Fall des Chemikers Otto Hahn dazu, dass er den ihm im Jahre 1945 für das Jahr 1944 verliehenen Chemie-Nobelpreis erst im Jahre 1946 in Empfang nehmen konnte.

Ausgangspunkt für die vorliegende Darstellung einer Reihe von Fällen, bei denen die Auszeichnung mit einem Nobelpreis zu unterschiedlichen Schwierigkeiten und Problemen führte, war ein Vortrag des Autors anlässlich der Tagung der Fachgruppe Geschichte der Chemie der Gesellschaft Deutscher Chemiker im September des Jahres 2001 in Würzburg. Der Vortrag mit dem Titel *„Über manchmal bestehende Schwierigkeiten, einen Chemie-Nobelpreis entgegenzunehmen"* bezog sich auf die Chemie-Nobelpreisträger Fritz Haber, Theodor Svedberg, Richard Kuhn, Adolf Butenandt und Otto Hahn. Da die Geschehnisse um Kuhn, Butenandt und auch Hahn in einem engen Zusammenhang mit der Vergabe der Nobelpreise an Ossietzky und Domagk stehen, stellen die Ausführungen zu diesen fünf Nobelpreisträgern einen Schwerpunktkomplex im vorliegenden Text dar. Schwerpunkt auch deswegen, weil der Autor die Möglichkeit hatte, im Fall der Preisträger Kuhn, Butenandt und Domagk bisher nicht publizierte Archivmaterialien in seine Betrachtungen einzubeziehen.

Da der Autor nicht auf Beispiele der Ablehnung von Nobelpreisen in den Kategorien ‚Frieden' und ‚Literatur' verzichten wollte, nahm er die Fälle Le Duc Tho /Kissinger sowie Pasternak und Sartre in seinen Text auf, allerdings im Vergleich zu den von ihm gewählten Schwerpunktfällen in einem stark reduzierten Umfang.

Kennzeichnend für die dargestellten Beispiele einer Nobelpreis-Annahme oder Nobelpreis-Ablehnung ist, dass es dabei für die Betroffenen in den meisten Fällen zu Schwierigkeiten und Belastungen unterschiedlichster Art kam. Diese Schwierigkeiten reichten von den Minderwertigkeits-komplexen eines Theodor Svedberg über die politischen Ängste eines Fritz Haber, die Gestapohaft eines Gerhard Domagk, die moralische und politische Diskriminierung eines Boris Pasternak bis zur lebensvernichtenden Verfolgung eines Carl von Ossietzky. Die mit der Vergabe von Nobelpreisen normalerweise einhergehende Glückseligkeit der Ausgezeich-neten wurde in den dargestellten Fällen von Bitternis durchdrungen. Es waren in diesem Sinne 'Bittere Nobelpreise'.

Inwieweit die sofortige Ablehnung des Friedensnobelpreises 1973 durch Le Duc Tho für diesen mit psychischen Belastungen verbunden war, konnte der Autor aufgrund mangelnder Informationen nicht beurteilen. Die einige Jahre später (1975) versuchte, allerdings nur teilweise erfolgreiche Rückgabe dieses Preises durch Henry Kissinger war wohl auch eine nicht schmerzfreie Entscheidung.

Die im Anschluss an den laufenden Text folgenden Kurzbiographien geben in unterschiedlichem Maße Einblicke in die Karrieren und Leistungen der besprochenen Nobelpreisträger und einiger weiterer Persönlichkeiten, auf die im Text ausführlicher eingegangen wird.

Der Zusammenarbeit mit einer Reihe von Archiven ist es zu danken, dass einige offene Fragen bei den dargestellten Fällen geklärt und vertieft behandelt werden konnten. Für die Unterstützung meiner archivarischen Arbeiten danke ich herzlich
- Herrn Direktor Prof. Dr. Eckart Henning und Frau Dr. Marion Kazemi vom Archiv zur Geschichte der Max-Planck-Gesellschaft, Berlin
- Herrn Assistant Direktor Dr. Karl Grandin und Frau Anne Wiktorsson vom Center for History of Science of the Royal Swedish Academy of Sciences, Stockholm
- Frau S. Langner vom Bundesarchiv, Berlin
- Herrn Hans-Hermann Pogarell vom Archiv zur Unternehmensgeschichte der Bayer AG, Leverkusen

- Herrn Dr. Matthias Meusch vom Nordrhein-Westfälischen Hauptstaatsarchiv, Düsseldorf.

Für Hinweise und inhaltliche Diskussionen danke ich Dr. Ute Deichmann, Dr. Peter Gölitz, Dr. Horst Kant, Prof. Dr. Günter Kröber, Prof. Dr. Hubert Laitko und Prof. Dr. Ruth Lewin Sime. Der Mühe des Vorwort-Schreibens unterzog sich dankenswerterweise Chemie-Nobelpreisträger Prof. Dr. Roald Hoffmann.

Mein besonderer Dank gilt der Gesellschaft Deutscher Chemiker und ihrem Präsidenten Prof. Dr. Henning Hopf für das Interesse an der Studie und die gewährte Unterstützung eines Arbeitsaufenthaltes am Center for History of Science der Royal Academy of Sciences in Stockholm.

Alfred Neubauer, Berlin

Erbitte Vertagung auf ein späteres Jahr:
Fritz Haber

Die in der biographischen Literatur öfters anzutreffenden Feststellungen, wie Fritz Haber habe im Jahr 1918 den Nobelpreis für Chemie erhalten /3/ oder der Preis für Chemie sei 1918 an ihn vergeben worden /4/, sind nicht korrekt. Der tatsächliche Sachverhalt ist, dass die Königliche Schwedische Akademie der Wissenschaften erst im November 1919 die Verleihung des Nobelpreises für Chemie an Fritz Haber rückwirkend für das Jahr 1918 beschloss und verkündete. Haber wurde für seine Anfang des 20. Jahrhunderts erstmals gelungene Synthese des wichtigen chemischen Grundstoffs Ammoniak aus den Elementen Stickstoff und Wasserstoff ausgezeichnet. Diese Synthese wurde in Deutschland durch die Badische Anilin- & Soda-Fabrik (BASF) rasch zu einem großtechnischen Verfahren (Haber-Bosch-Verfahren) entwickelt, sodass schon 1913 die erste großtechnische Produktion von Ammoniak in Oppau beginnen konnte. Ammoniak wurde im Ersten Weltkrieg sowohl als Ausgangsstoff für Stickstoffdünger als auch nach seiner Umwandlung in Salpetersäure für die Herstellung von Spreng- und Explosivstoffen eingesetzt. Bis dahin war die Hauptquelle sowohl für Stickstoffdünger als auch für Salpetersäure der aus Chile per Schiff kommende Salpeter. Im ersten Weltkrieg verhinderte eine Seeblockade der Entente-Mächte die weitere Versorgung Deutschlands mit diesem kriegswichtigen Rohstoff. Deutschland konnte durch die großtechnische Produktion von Ammoniak diesen Mangel ausgleichen. Im anderen Falle wäre aus Munitionsmangel auf deutscher Seite der Krieg wesentlich eher zu Ende gegangen.

Die Ankündigung der Königlichen Schwedischen Akademie der Wissenschaften im November 1919, die ersten drei Nachkriegs-Nobelpreise an die deutschen Wissenschaftler Max Planck, Johannes Stark und Fritz Haber zu vergeben, stieß in den Entente-Staaten, aber auch im neutralen Schweden auf starke politische Kritik. Besonders die Entscheidung für Fritz Haber wurde angegriffen./5/

Als ein besonders schwerwiegendes Argument gegen eine Auszeichnung Habers wog die Tatsache, dass Haber der Initiator und Organisator des von deutscher Seite begonnenen Gaskrieges war. Er war deshalb von den Entente-Mächten auf eine Kriegsverbrecherliste gesetzt worden, die im Februar 1920 publiziert worden war. Allerdings sahen die Entente-Mächte bald darauf davon ab, eine Auslieferung dieser Personen zu verlangen, sondern übergaben die Angelegenheit der deutschen Regierung. Nur ein geringer Prozentsatz der auf dieser Liste verzeichneten Persönlichkeiten wurde belangt. Haber blieb unbehelligt.

Die linksgerichtete und die liberale Presse in Schweden hob in ihrer Argumentation gegen eine Auszeichnung Habers seine Mitwirkung am Krieg hervor. Sie betrachtete die Auszeichnung Habers unter politischen und moralischen Aspekten.

Das Nobelkomitee für Chemie begründete dagegen seinen Auszeichnungsvorschlag ‚Fritz Haber' mit der großen Bedeutung der Haberschen Ammoniaksynthese für die Landwirtschaft und somit für die Ernährung der Menschheit. Diese Habersche Leistung liege ganz auf der Linie des Nobelschen Testaments, nämlich solche Leistungen auszuzeichnen, die den größten Nutzen für die Menschheit haben.

Die rechtsgerichtete und die pro-deutsche Presse in Schweden begrüßten die Entscheidung der Akademie, schon so kurz nach dem Kriege drei deutsche Wissenschaftler auszuzeichnen. Von dieser Seite wurde hervorgehoben, dass die Schwedische Akademie der Wissenschaften auf diese Weise sowohl ihre Objektivität als auch ihre Unabhängigkeit von den herrschenden politischen Kräften in Europa, also von den Entente-Mächten, beweise. Die Akademie setzte sich über politische Gegenargumente hinweg. Führende schwedische Wissenschaftler sahen als Vertreter eines neutralen Landes ihre Aufgabe darin, als Mittler zwischen den ehemaligen Kriegsgegnern zu wirken. Sie arbeiteten daran, den in den Entente-Staaten verhängten Boykott gegenüber Wissenschaftlern der Mittelmächte aufzuheben. Unter der Flagge der Notwendigkeit eines wissenschaftlichen Internationalismus versuchten die germanophilien Kräfte in Schweden, die deutschen Wissenschaftler wieder in die internationalen Beziehungen zu integrieren.

Haber selbst bewertete die Entscheidung der Königlichen Schwedischen Akademie in einem Brief vom 18. November 1919 an Richard Willstätter so:

„Ich glaube, dass es von Seiten der schwedischen Akademie eine große Tat war, in diesem Augenblicke drei Deutsche und nur Deutsche zu ihren Preisträgern zu wählen. Mein herzlicher Wunsch ist, dass die Anbahnung internationaler erneuter Verständigung dadurch gewinnt." /6/

Mit den drei Deutschen waren gemeint: Fritz Haber, Max Planck und Johannes Stark.

In einem weiteren Brief vom 11. Mai 1920, der an den Kungl. Vetenskaps-Akademiens Sekreterare, Prof. Chr. Aurivillius, gerichtet ist, bedankte sich Haber für die Einladung zur Verleihungszeremonie am 1. Juni 1920. Aus diesem Schreiben an die Königliche Schwedische Akademie der Wissenschaften geht hervor, dass Haber die Kritik von Teilen der schwedischen Öffentlichkeit an der Verleihung des Nobelpreises an seine Person sehr wohl wahrgenommen hat:

„Die Nachricht von der Verleihung des Nobelpreises an mich hat im Vorjahre eine politische Erregung in Schweden ausgelöst. Ich weiß nicht, ob vorauszusehen ist, dass mein Besuch dort zu einer Erneuerung dieser Bewegung Anlass geben könnte. Nichts wäre mir schmerzlicher als der Gedanke, dass die große mir erwiesene Ehre der schwedischen Akademie, ja vielleicht dem schwedischen Volke zu einer Quelle von Störungen würde."

Haber möchte solche Reaktionen vermieden sehen und unterbreitet in diesem Zusammenhang der Akademie den Vorschlag, die Auszeichnung vielleicht auf einen späteren Zeitpunkt zu verschieben:

„So gern ich der Einladung zu diesem 1. Juni entspreche, wenn ich annehmen darf, dass mein Besuch nicht anders gesehen wird wie der eines anderen Nobelpreis-Trägers, so sehr liegt mir am Herzen, die Erlaubnis zu der Vertagung auf ein späteres Jahr für den Fall zu erbitten, dass mein Erscheinen die gekennzeichneten politischen Wirkungen auszulösen verspricht, die dem Grundgedanken der Nobelstiftung, soviel ich verstehe, zuwiderlaufen würden." /7/

Dieser Bitte kam die Akademie jedoch nicht nach. Die Verleihungszeremonie, an der Haber ungehindert teilnehmen konnte, fand entsprechend den um diese Zeit geltenden Bestimmungen Anfang Juni 1920 in Stockholm statt. /8/ Die Festtage in Stockholm verliefen für Haber und seine deutschen Kollegen harmonisch und unbeschwert. Der Umgang mit dem erhaltenen Preisgeld endete jedoch für Haber tragisch. Seine (zweite) Frau Charlotte schreibt in ihren Erinnerungen dazu:

„Habers Nobelpreis war für ihn auf eine Stockholmer Bank angewiesen. Doch ungeachtet all meiner Warnungen und Beschwörungen ließ ihn Fritz nach Berlin transferieren und wechselte ihn − mitten in der ärgsten Inflationszeit − in deutsches Geld ein. Wenige Tage danach hätte man mit dem Gegenwert des Nobelpreises, den man in Noten dafür erhielt, ein ganzes Zimmer austapezieren können. Was de facto den Wert von 150000 Goldmark besaß, zerrann in Nichts." /9 /

Der vorzeitige Preisträger: Theodor Svedberg

Der Chemie-Nobelpreisträger des Jahres 1926, Theodor Svedberg, hatte im Vergleich zu Fritz Haber ganz andere Schwierigkeiten, den Nobelpreis entgegenzunehmen. Er wurde von dem bitteren Gefühl befallen, dass seine bis zum Zeitpunkt der Auszeichnung erbrachten wissenschaftlichen Leistungen nicht ausreichend für eine solch hohe Auszeichnung wie den Nobelpreis seien.

Svedberg – er starb 1971 – hinterließ autobiographische Notizen, aus denen Milton Kerker 1986 erstmals den Teil publizierte, in dem Svedberg die Geschehnisse um seine Wahl zum Preisträger beschrieben hat. Über seine Gefühle, die er nach der Zuerkennung des Nobelpreises hatte, berichtet Svedberg:

„Ich hatte sowohl Gefühle unglaublicher Glückseligkeit als auch etwas Unbehagen.

Ich hatte den Preis zuerkannt bekommen für meine Arbeit über Disperse Systeme, das heißt, mehr oder weniger für meine gesamte Arbeit. Mir schien es, dass nur meine letzten Forschungen, die Arbeiten über Proteine – mit der Ultrazentrifuge untersucht – wirklich ernsthaft berücksichtigt werden konnten. Und die hatten gerade begonnen. Tatsächlich hatte das Nobelkomitee für Chemie Recht – man hätte mir erlauben sollen, mindestens noch ein paar Jahre zu warten. Nachdenkend lag ich die ganze Nacht wach und fühlte mich mehr und mehr unglücklich. Ich versprach mir, die folgenden zehn Jahre meines Lebens zu nutzen, um mich des Preises würdig zu erweisen. Und so klappte es auch." /10/

Wie war es zu dieser Zuerkennung des Chemie-Nobelpreises gekommen? 1926 hatte das Nobelkomitee für Chemie auch den Vorschlag diskutiert, Theodor Svedberg der Königlichen Schwedischen Akademie der Wissenschaften zum Nobelpreisträger des Jahres 1926 vorzuschlagen. Svedberg, selbst Mitglied dieses Komitees, schätzte seine Chancen auf Erfolg gering ein und lehnte innerhalb des Komitees diesen Vorschlag ab. Das Komitee folgte seiner ablehnenden Haltung.

Da das Komitee sich nicht auf einen geeigneten Chemie-Kandidaten einigen konnte, beschloss es, den Nobelpreis für Chemie 1926 zurückzustellen. Auf der entscheidenden Sitzung der Akademie am 11. November 1926 wurde jedoch diese Meinung des Komitees nicht akzeptiert. Es gelang Carl Benedicks, einem Mitglied der Klasse Physik der Akademie, die Akademiemitglieder davon zu überzeugen, dass der schwedische Physikochemiker Theodor Svedberg eines Chemie-Nobelpreises würdig sei. Die frühzeitige Vergabe des Nobelpreises an Svedberg hatte sehr ihre positiven Seiten für den Preisträger: *„ Der Nobelpreis bedeutete eine beträchtliche ökonomische Erleichterung für mich, und noch wichtiger, er stärkte meine Position. "* /11/

Jahrelang hatte Svedberg ergebnislos versucht, bessere Arbeitsbedingungen für den Bereich Physikalische Chemie an der Universität Uppsala durch einen Neubau zu erreichen. Nach der Nobelpreisvergabe an ihn wurden bestehende Hindernisse rasch beseitigt. Auch die Presse unterstützte den Nobelpreisträger in seinen Bemühungen, bessere Forschungs-bedingungen zu erreichen. Mit Schlagzeilen wie *‚Der Nobel-preisträger arbeitet in einer Toilette'* machte sie auf die miserablen Arbeitsbedingungen des Forschers aufmerksam. Im Endeffekt der konzertierten Bemühungen bewilligte 1927 das Schwedische Parlament über eine Million Kronen für den Neubau eines Departments für Physikalische Chemie an der Universität Uppsala und zusätzlich unterstützte die Rockefeller Foundation Svedberg mit 50.000 Dollar für die Anschaffung von Geräten. Dadurch wurden beste Voraussetzungen für ihn geschaffen, um die begonnenen Arbeiten zur Bestimmung von Molekulargewichten von Proteinen beschleunigt und erfolgreich weiterzuführen. Auf diese Weise konnte der ‚vorzeitige' Nobelpreisträger seine Zweifel überwinden, ob er ein verdienter und würdiger Nobelpreisträger sei.

Der Fall Carl von Ossietzky

„ Unglücklich das Land, das Helden nötig hat." /12/
Bertolt Brecht

Am 23. November 1931 werden der leitende Redakteur der Wochenschrift ‚Die Weltbühne', Carl von Ossietzky und der Mitarbeiter Walter Kreiser, ein Autor der Weltbühne, wegen Verrats militärischer Geheimnisse vom Reichsgericht in Leipzig zu einem Jahr und sechs Monaten Gefängnis verurteilt. Die Öffentlichkeit wurde wegen der angeblich verratenen Geheimnisse zum Prozess nicht zugelassen. Ausgangspunkt für diesen Prozess war der Artikel *„ Windiges aus der Luftfahrt"* in der Weltbühne vom 12. März 1929, in dem der Autor Walter Kreiser unter dem Pseudonym Heinz Jäger auf die schon bekannte Tatsache verwiesen hatte, dass die Reichswehr verbotenerweise eine eigene Luftwaffe aufbaue. Es ging bei diesem Prozess nicht darum, Geheimnisverräter zu bestrafen, sondern darum, starke Kritiker der Wiederaufrüstung zum Schweigen zu bringen und zu Landesverrätern abzustempeln.

Walter Kreiser hatte sich vor dem Prozess ins Ausland abgesetzt, Ossietzky war in Deutschland geblieben und trat seine Strafe am 12. Mai 1932 an. Im Rahmen einer vom Reichstag beschlossenen Amnestie kommt er jedoch schon nach sieben Monaten, am 22. Dezember, frei. Unbeirrt und verstärkt setzt er seinen Kampf für Frieden, gegen Militarismus und gegen alle die Republik demontierenden rechtsgerichteten Kräfte, einschließlich der NS-Bewegung, fort. Er beschwört die linken Kräfte, gemeinsam gegen die Nationalsozialisten zu kämpfen.

Er unterliegt um diese Zeit aber auch der hoffnungsvollen Fehleinschätzung, dass der bei der Wahl im November 1932 für die NSDAP eingetretene Stimmenrückgang sich bei den für März 1933 vorgesehenen Wahlen weiter verstärkt. So schreibt er noch am 3. Januar 1933: *„ Der große völkische Führer mit dem Äußeren und den Allüren eines Zigeunerprimas mag seine Saison haben und mit dieser abblühen. Was er an bösen und hässlichen Instinkten hervorgerufen hat, wird nicht so leicht* *verwehen und für lange Jahre noch das gesamte öffentliche Leben verpesten."* /13/

Aber am 30. Januar ernennt Reichspräsident Paul von Hindenburg Adolf Hitler zum Reichskanzler. Der Tag der Machtergreifung ist für die Nationalsozialisten gekommen. Ossietzky gerät durch sein kritisches Auftreten gegenüber dieser Entwicklung immer mehr ins Visier der Nationalsozialisten, und so wird auch er in der Nacht des Reichstagsbrandes vom 27. zum 28. Februar 1933 ein Opfer der von den Nationalsozialisten organisierten Verhaftungswelle politischer Gegner. Die jetzt folgenden Leidensstationen des Pazifisten, Antimilitaristen und Antifaschisten Ossietzky sind Polizeigefängnisse in Berlin, danach die Konzentrationslager Sonnenburg und Esterwegen. Versuche von Seiten führender NS-Vertreter, Ossietzky zu bewegen, dem von ihm vertretenen Pazifismus abzuschwören und Loyalitätsbekundungen gegenüber dem NS-Regime als Voraussetzung für eine Haftentlassung abzugeben, bleiben ergebnislos.

Im Rahmen einer im Frühjahr 1934 von Seiten des ,Freundeskreises Carl von Ossietzky' initiierten internationalen Kampagne wird der KZ-Häftling von sehr verschiedenen Seiten für den Friedensnobelpreis vorgeschlagen. Zu denen, die sich für diesen Vorschlag einsetzen, gehören die Friedensnobelpreisträger Jane Addams (Nobelpreis 1931) und Ludwig Quidde (Nobelpreis 1927), das Mitglied des Internationalen Friedensbüros Helmut Gerlach, der Literatur-Nobelpreisträger Thomas Mann (Nobelpreis 1929) und der spätere Literatur-Nobelpreisträger Bertrand Russel (Nobelpreis 1950). Dazu kommen die Stimmen vieler Parlamentarier aus der Schweiz, aus Großbritannien, Frankreich und Schweden. In Norwegen engagiert sich vor allem der spätere Bundeskanzler der Bundesrepublik Deutschland und Friedensnobelpreisträger des Jahres 1971 Willy Brandt erfolgreich darum, dass 69 norwegische Parlamentarier ihre Stimme pro Ossietzky erheben.

Der jahrelange Kampf für die Wahl Ossietzkys zum Nobelpreisträger verbindet sich natürlich mit der Hoffnung, auf diese Weise auch die Befreiung des KZ-Häftlings zu erreichen. Unter diesem internationalen Druck und in Anbetracht der bevorstehenden Sommer-Olympiade in Berlin sucht das NS-

Regime im Jahre 1936 nach einer Lösung des Falles Ossietzky, um international eine Imageverbesserung für sich zu erreichen. In Vorbereitung einer Entscheidung lässt sich der Preußische Ministerpräsident Hermann Göring von Seiten der Geheimen Staatspolizei noch einmal die Gründe für die 1933 erfolgte Verhaftung Ossietzkys zusammenstellen und holt die Meinung der Gestapo zu einer eventuellen Entlassung Ossietzkys aus dem KZ Esterwegen ein. Der Stellvertretende Chef der Preußischen Geheimen Staatspolizei, Reinhard Heydrich, schreibt am 22. Mai 1936 an Hermann Göring:

„Die Gründe für die Schutzhaftverhängung waren folgende: von Ossietzky gehörte seit 1912 der Deutschen Friedensbewegung an. Er hat sich seit Beendigung des Weltkrieges jahrelang als Schriftsteller in den verschiedensten Zeitungen und Zeitschriften als übler Hetzer in zersetzender Weise betätigt ... Ferner war er maßgebend an der Organisierung der ‚Nie-wieder-Krieg'-Bewegung beteiligt, die alljährlich die berüchtigten ‚Nie-wieder-Krieg'-Demonstrationen Anfang August jeden Jahres veranstaltete. Seit Anfang 1926 leitete er als verantwortlicher Redakteur die pazifistische Zeitschrift ‚Die Weltbühne'.“ /14 /

Als weiterer Grund verweist Heydrich auf die in der Weimarer Republik gegen Ossietzky verfügten Gerichtsurteile wegen Beleidigung (kleinere Geldstrafen wegen Beleidigung eines Kriegsgerichts, der Marine und der Reichswehr, A.N.) sowie auf die Verurteilung wegen Landesverrat. Heydrich kommt zu dem Schluss, dass er eine Entlassung des Häftlings keinesfalls befürworten kann. Göring entscheidet jedoch, den infolge der Haftbedingungen schwer an Tuberkulose erkrankten Ossietzky aus der KZ-Haft zu entlassen und *„wenn möglich nach Berliner Krankenhaus, wo Bewachung gesichert ist“/14/* zu überweisen. Am 30. Mai 1936 wird Ossietzky entlassen und befindet sich bis zu seinem Tod am 4. Mai 1938 in Berliner Krankenhäusern unter Gestapoaufsicht.

Am 23. November 1936 verkündet das für den Friedensnobelpreis zuständige Komitee des Norwegischen Parlaments in Oslo die Verleihung dieses Preises an Carl von Ossietzky rückwirkend für das Jahr 1935. Das NS-Regime fühlt sich durch diese Vorgehensweise provoziert. Joseph Goebbels, der Reichsminister für Propaganda, schreibt in sein Tagebuch:

„25. November 1936 Gestern: ein toller Trubeltag.
Ossietzky hat den Friedensnobelpreis erhalten. Eine freche
Provokation! Ich fasse einen tollen Plan: ihn für uns zu
reklamieren. Geht aber nicht, da er wegen Landesverrat
vorbestraft. Aber irgendetwas muss geschehen. Der Führer
grübelt darüber nach, kommt aber auch noch zu keinem
Ergebnis." /15/

Versuche des Regimes, Ossietzky zur Ablehnung des Preises
zu bewegen, schlagen fehl. Mutig telegrafiert dieser nach Oslo:
„Dankbar für die unerwartete Ehre." In dem Entwurf eines
Briefes an die Gestapo vom 26. November 1936 wird der
Standpunkt Ossietzkys deutlich. In diesem Dokument heißt es:

„Nach längerer Überlegung bin ich zu dem Entschluss
gekommen, den mir zugefallenen Friedensnobelpreis
anzunehmen. Die mir von dem Vertreter des Geh.
Staatspolizeiamtes vorgetragene Anschauung, dass ich mich
damit aus der deutschen Volksgemeinschaft ausschließe,
vermag ich nicht zu teilen." /16/

Reichskanzler Adolf Hitler entscheidet schon in diesen ersten
Tagen nach der Zuerkennung des Preises an Ossietzky sowohl
über die kurzfristige als auch über die langfristige Reaktion des
NS-Regimes in Bezug auf Nobelpreise. Goebbels notiert am
27. November 1936:

„Fall Ossietzky noch akut. Führer plant große Nationalstiftung
und gänzliche Absage an den Nobelpreis. Denn das hier ist
eine bewusste, freche Provokation.

Im Fall Ossietzky auch Entscheidung: Ossietzky kann
annehmen, in Zukunft allen Deutschen verboten, Preise von
Nobel anzunehmen. Führer errichtet eine Nationalstiftung für
Kunst und Wissenschaft von jährlich 300000 Mk, zu 100000
Mk für verdiente Deutsche." /17/

Ossietzky darf den Preis annehmen, aber er darf nicht nach
Oslo reisen, um die Insignien – Medaille und Verleihungsurkunde – sowie das Preisgeld (ca. einhunderttausend
Reichsmark) entgegenzunehmen. Was das Preisgeld angeht, so
gelangt es zwar nach Berlin, wird aber durch den von
Ossietzky bestellten Verwalter Dr. Wannow weitestgehend
veruntreut. Die Gestapo erfährt nach eigener Darstellung erst
bei einem Kontrollbesuch bei Ossietzky im Krankenhaus von
den umfangreichen Veruntreuungen Wannows und greift in der

Weise ein, dass dieser am 10. Juni 1937 verhaftet und ins KZ Sachsenhausen verbracht wird. Im Ergebnis eines Anfang 1938 geführten Prozesses, bei dem Ossietzky als Zeuge auftritt, wird Wannow am 7. März zu zwei Jahren Zuchthaus verurteilt. Der Prozess wird vom NS-Regime genutzt, um besonders gegenüber dem Ausland Rechtsstaatlichkeit zu demonstrieren und um die im Vorfeld geleistete Arbeit der Gestapo zu rühmen. Die deutsche Presse zitiert auch Äußerungen Ossietzkys in diesem Verfahren, die dazu dienen sollen, den Standpunkt des NS-Regimes zu der 1936 erfolgten Nobelpreisverleihung zu untermauern, z. B.:

„Den Friedenspreis, dessen Verleihung für mich mit einer gewissen Bitterkeit verbunden war, glaubte ich aber nicht ausschlagen zu dürfen. Ich fragte mich wiederholt, bist du dieses Preises wert, oder ist er nur als eine politische Demonstration gegen das Dritte Reich zu betrachten?"/18/

Der vorsitzende Richter interpretierte diese Äußerung Ossietzkys so: *„Das ist noch ein Kuriosum des Prozesses. Der Zeuge erklärt unter Eid, dass er darüber nachgedacht hat, ob der Preis ihm ob seiner Verdienste verliehen worden sei, oder ob es eine feindliche Geste des Komitees gegen das nationalsozialistische Deutschland sein sollte."/18/*

Die Verleihungsurkunde und die dazugehörige Goldmedaille des Nobelpreises wird Ossietzky nie selbst zu sehen bekommen. Die beiden Insignien werden vom Norwegischen Nobelkomitee Anfang September 1939 an Ossietzkys einzige Tochter Rosalinda (geb.1919) geschickt, die nach ihrer Emigration nach Großbritannien im Jahre 1933 seit Juni 1936 in Schweden lebt.

Für die Verkündigung des Verbotes für alle Deutschen, in Zukunft einen wie immer gearteten Nobelpreis anzunehmen, wählt das Regime den vierten Jahrestag der Machtergreifung zur Herausgabe eines entsprechenden Führererlasses. */Siehe Dokument 1/*

Hermann Göring, seines Zeichens Preußischer Ministerpräsident und Polizeiminister, verkündet dazu am 30. Januar 1937 im Reichstag:

„Wenn wir sehen, daß man versucht, Deutschland dadurch vor der Welt zu kränken, daß man einem Landesverräter, einem mit Zuchthaus bestraften Individuum, einen Preis des Friedens

zuerkennt, dann ist das nicht für Deutschland beschämend, sondern es ist lächerlich für die, die solches getan haben. Die Annahme des Nobelpreises wird damit für alle Zukunft Deutschen untersagt." /19/

Die bittere Pille des Verbots, Nobelpreise anzunehmen, wird mit der Schaffung eines Deutschen Nationalpreises versüßt.

Die Tragik, die sich mit dem Verbot der Annahme von Nobelpreisen für die deutsche Wissenschaft verband, hat der damalige Direktor des chemischen Instituts der Universität Kiel, der organische Chemiker Otto Diels (Chemie-Nobelpreis 1950 gemeinsam mit Kurt Alder) im Herbst 1937 in einem an seinen Chemiker-Kollegen Alfred Stock gerichteten Brief zum Ausdruck gebracht. Es zeugte von Mut, dem damaligen Präsidenten der Deutschen Chemischen Gesellschaft und NSDAP-Mitglied Alfred Stock solche offenen Zeilen zu schreiben, die eine derart starke Kritik am Führererlass darstellten:

„Hierzu kommt nun die Angelegenheit mit der Ablehnung der Nobelpreise. Ich halte diese gerade für das Fach Chemie für das Verhängnisvollste, was in den letzten Jahren überhaupt geschehen ist. Ganz abgesehen davon, dass uns diese Tat bei den skandinavischen Ländern ganz gewiß, was die Wissenschaft betrifft, sehr geschadet hat, ist sie für uns selbst von, meiner Ansicht nach, noch viel weitertragender Bedeutung. Es ist nun einmal menschlich und auch ohne Frage berechtigt, daß der Ehrgeiz eine wichtige Triebfeder für große Erfolge darstellt, und in diesem Sinne hat die Verleihung des Nobelpreises vor allem für die Wissenschaften Chemie, Physik und Medizin, wie wir gerade ja in Deutschland beobachten konnten, außerordentliche Erfolge gehabt. Daß diese vor der ganzen Welt dokumentierte Anerkennung von Forschern nunmehr aufgehört hat, bedeutet nach meiner Ansicht für unsere Wissenschaft den schwersten Schlag, den sie in den letzten Jahren erlitten hat."/20/

Nicht nur, dass deutschen Staatsangehörigen die Annahme von Nobelpreisen verboten wurde. In einem vertraulichen Erlass des Reichs- und Preußischen Ministers für Wissenschaft, Erziehung und Volksbildung wurde auch die Beteiligung deutscher Persönlichkeiten bei der Benennung und Begutachtung von Nobelpreiskandidaten untersagt.

/Siehe Dokument 2: Die Beteiligung deutscher Wissenschaftler an den Vorschlägen für die Nobelpreise/

Was die Vergabe von Deutschen Nationalpreisen anging, so kam laut Führererlass dem Herrn Reichsminister für Volksaufklärung und Propaganda, Dr. Joseph Goebbels, die Aufgabe zu, seinem Führer Adolf Hitler jährlich eine Zusammenstellung der Vorschläge zur Verleihung eines Deutschen Nationalpreises zur Entscheidung vorzulegen, die von den Leitern verschiedener vorschlagsberechtigter Institutionen aus Partei und Staat eingereicht worden waren. Unter den Vorgeschlagenen für das Jahr 1939 befanden sich auch zwei Chemiker, nämlich Prof. Dr. Franz Fischer vom Kaiser Wilhelm-Institut für Kohlenforschung in Mülheim/Ruhr (Leistung: ‚Großtechnische Erzeugung von Treib- und Schmierstoffen aus Kohle') und Prof. Dr. Richard Kuhn vom Kaiser Wilhelm-Institut für medizinische Forschung in Heidelberg (Leistung: ‚Aufbau und Synthese wichtigster Wirkstoffe der belebten Natur/Vitamine'). Diese Vorschläge waren vom Leiter des Hauptamtes für Technik der Reichsleitung der NSDAP, Dr. Todt, eingebracht worden. Sie fanden im September des Jahres 1939 eine starke Unterstützung durch den Reichsführer SS, Heinrich Himmler, der in einem Nachtragsschreiben ebenfalls diese beiden Chemiker vorschlug. Goebbels reichte diese Vorschläge am 5. Oktober 1939 an Hitler weiter. */21/*

Zu einer Verleihung eines Deutschen Nationalpreises an Franz Fischer bzw. Richard Kuhn kam es allerdings nicht. Hitler bevorzugte für die Preisvergabe im wissenschaftlich-technischen Bereich solche Persönlichkeiten wie z.B. den Auto- und Panzerkonstrukteur Ferdinand Porsche (1875–1951) und die Flugzeugkonstrukteure Ernst Heinkel (1888–1958) und Willy Messerschmidt (1898–1978), die alle drei im Jahre 1938 einen Deutschen Nationalpreis erhielten. Was Richard Kuhn betrifft, so sollte er im Zusammenhang mit der Vergabe von Nobelpreisen bald wieder in das Gesichtsfeld von Hitler gerückt werden.

Die Gestapo und der Nobelpreisträger: Gerhard Domagk

„Mir ist eigentlich kein Wissenschaftler bekannt, der jemals den Nobelpreis abgelehnt hat. Sicher, da waren diese drei Deutschen – Kuhn, Domagk und Butenandt –, aber die haben die Preise nur deshalb nicht angenommen, weil Hitler es verboten hatte. Nach dem Krieg haben sie sich sehr schnell anders besonnen und ihre Medaillen kassiert. Aber nicht das Geld ! Das muß man sich binnen eines Jahres abholen, sonst verfällt der Anspruch." /22/

Carl Djerassi

Die Königliche Schwedische Akademie der Wissenschaften und das für die Verleihung der Nobelpreise für Physiologie oder Medizin zuständige Karolinische-Mediko-Chirurgische Institut (Karolinska Institutet) in Stockholm beschließen im Jahre 1939 drei Nobelpreise an deutsche Wissenschaftler zu vergeben, wohl wissend, dass es ein Verbot in Deutschland für die Annahme eines solchen Preises gibt.

So wird dem Entdecker von antibakteriell wirkenden Sulfonamiden, Gerhard Domagk, der als Leiter des Instituts für experimentelle Pathologie und Bakteriologie der Bayer-Werke in Wuppertal-Elberfeld tätig ist, für das Jahr 1939 der Nobelpreis für Physiologie/Medizin zugesprochen. Die Schwedische Akademie der Wissenschaften verleiht rückwirkend für das Jahr 1938 den Nobelpreis für Chemie an Richard Kuhn und den Nobelpreis für Chemie des Jahres 1939 gemeinsam an den Deutschen Adolf Butenandt und den Schweizer Leopold Ružička.

Hitler sieht in der Auszeichnung der drei deutschen Wissenschaftler eine erneute Provokation, eine Nicht-beachtung seines Führererlasses. Er weist den Reichsminister für Wissenschaft, Erziehung und Volksbildung, Bernhard Rust, an, dass diese drei Persönlichkeiten Ablehnungsschreiben an die Königliche Schwedische Akademie zu richten haben. Mit der Durchsetzung der Hitlerschen Weisung gegenüber den Wissenschaftlern wird der NSDAP- und SS-Wissenschaftspolitiker Rudolf Mentzel (1900–1987), seit 1. Mai 1939 Ministerialdirektor und Leiter des Amtes Wissenschaft im Reichsministerium für Wissenschaft, Erziehung und Volksbildung, betraut. /23/ Mentzel war u. a. der für die Kaiser Wilhelm-Gesellschaft (KWG) zuständige Vertreter von Seiten des Ministeriums und nahm an den Senatssitzungen der KWG teil. /24/ Auch die Gestapo wird in die Maßnahmen zur Abwehr der ‚Provokation' einbezogen.

Gerhard Domagk erhält als erster der drei deutschen Preisträger die freudige Nachricht, dass er einen Nobelpreis zugesprochen bekommen hat. Im Einzelnen läuft folgendes Szenarium ab:

26. Oktober 1939:
Der zu dieser Zeit grippekranke Wissenschaftler erhält am Nachmittag zu Hause die telefonische Anfrage eines schwedischen Journalisten aus Berlin, der Informationen zu den von Domagk entdeckten neuen Heilmitteln erbittet. Domagk verweist auf entsprechende Publikationen seinerseits. Derselbe Journalist ruft Domagk am Abend erneut an und gratuliert ihm zur Verleihung des Nobelpreises.

26. Oktober 1939:
Die offizielle Nachricht aus Stockholm erhält Domagk erst um Mitternacht in Form eines dringenden Telegramms des Rektors des Karolinischen Instituts, Prof. Gunnar Holmgren:
„Das Lehrerkollegium des Karolinischen Institutes hat heute beschlossen, Ihnen den diesjährigen Nobelpreis für Physiologie und Medizin für die Entdeckung der antibakteriellen Wirkung des Prontosils zuzuerkennen."/25/

27. Oktober, gegen 1 Uhr früh:
Ein Dr. Banse von der Reichspressestelle in Berlin fragt telefonisch bei Domagk an, ob das Gerücht der Nobelpreisverleihung wahr sei. Es geht aber bei dieser Nachfrage nicht darum, danach über diese Auszeichnung Domagks in der deutschen Presse oder im Rundfunk zu berichten, sondern es geht nur um die Bestätigung von Domagks Seite. Nachrichten über die Verleihung von Nobelpreisen an die drei deutschen

Wissenschaftler werden weder in der Presse noch im Rundfunk des Deutschen Reiches gebracht.

27. Oktober:

Domagk informiert die Direktion des Bayer-Werkes über die Verleihung, bittet aber um Stillschweigen in dieser Angelegenheit. Die Direktion des Werkes bringt nicht den Mut auf, ihrem weltberühmten Wissenschaftler zum Nobelpreis zu gratulieren. Als Stabsarzt der Reserve informiert Domagk auch das für ihn zuständige Wehrbezirkskommando, dessen Kommandeur, Oberst Preusser, ihm herzlich zur Verleihung des Nobelpreises gratuliert. Als Mitglied des Lehrkörpers der Westfälischen Wilhelmsuniversität in Münster fragt Domagk schriftlich beim Rektor, Prof. Mevius, an, wie er im Reichsinteresse am besten dem Karolinischen Institut antworten soll.

02. November:

Der Rektor gratuliert Domagk herzlich zum Nobelpreis und informiert Domagk, dass er sich sowohl an das Reichsinnenministerium als auch an das Auswärtige Amt gewandt habe und immer noch auf Bescheid warte. Mevius teilt mit, dass er diesen Stellen gegenüber darauf hingewiesen hat, *„dass doch ein scharfer Unterschied gemacht werden soll, ob es sich um den vom Norwegischen Landtag verliehenen sogenannten „Friedensnobelpreis" oder um die wissenschaftlichen Nobelpreise, die von Schweden verliehen werden, handelt."/26/*

03. November:

Nach acht Tagen hat Domagk auf Grund der ungeklärten Situation noch immer nicht gegenüber dem Karolinischen Institut auf das Auszeichnungstelegramm vom 26.10. reagiert. Er will nicht unhöflich erscheinen und fasst den Entschluss, dem Rektor des Karolinischen Instituts, Prof. Dr. Gunnar Holmgren, einen auf diesen Tag datierten Brief zu schreiben:

„Magnifizenz!
Mit bestem Dank bestätige ich Ihnen den Erhalt des mir von Ihnen übermittelten Telegramms und die nachfolgende briefliche Bestätigung durch Herrn Professor Liljesbrand, in der mir mitgeteilt wurde, dass mir der Nobelpreis für Medizin und Physiologie für das Jahr 1939 zuerkannt worden ist, und zwar auf Grund meiner Forschungen auf dem Gebiete der Chemotherapie der bakteriellen Infektionen. Die Anerkennung meiner Arbeiten hat mich sehr erfreut und spreche ich Ihnen und dem Lehrerkollegium des Karolinischen Institutes in Stockholm meinen besten Dank aus. Da deutschen Reichsangehörigen die Annahme des Preises nach dem bestehenden Gesetz meines Wissens nicht gestattet ist, muss ich über die Einzelheiten erst Erkundigungen anstellen und mir die genauen Unterlagen des Gesetzes besorgen. Da dies länger dauert als ich hoffte, muss ich Sie bitten, die Verzögerung meiner Antwort zu entschuldigen. Unabhängig davon hoffe ich jedoch, dass ich die Gelegenheit haben werde, einmal in Stockholm vor den interessierten schwedischen Kreisen sprechen zu dürfen und dadurch einen kleinen Dank für die meiner Arbeit gezollte Anerkennung abstatten zu können. Ob es mir möglich sein wird, schon zum 10. Dezember nach Stockholm kommen zu können, kann ich z. Zt. noch nicht angeben. Ich werde Ihnen sobald als möglich weitere Nachricht geben.“ Mit den besten kollegialen Grüßen *hochachtungsvoll ... “ /27/*

Gerhard Domagk kommt in diesen für ihn strapaziösen Tagen auch auf die Idee, sich in der Angelegenheit Nobelpreis am **8. November 1939** per Brief direkt an den Führer und Reichskanzler Adolf Hitler zu wenden zu wenden:

„Mein Führer!
Durch Beschluß des Lehrerkollegiums des Karolinischen Institutes in Stockholm ist mir am 27. Oktober 1939 der Nobel-Preis für Medizin und Physiologie verliehen worden. Ich habe davon Seiner Magnifizenz dem Herrn Rektor der Universität in Münster i/W Mitteilung gemacht. Da es nach dem deutschen Gesetz meines Wissens dem Beliehenen verboten ist, den Preis anzunehmen, möchte ich - falls dies möglich ist, - darum bitten, den Betrag für die zusätzliche Pflege von deutschen Verwundeten und solchen des Feindes, die in deutsche Hand

geraten sind, zur Verfügung stellen zu dürfen weß. zum Ankauf von Heilmitteln wie Salbengrundlagen u.s.w, die aus dem Ausland eingeführt werden müssen. Ich möchte, damit meinem Bestreben, in jeder Situation nach bester Überzeugung als Arzt zu handeln und zu helfen, treu bleiben, falls nicht eine andere Regelung im Interesse des Reiches wichtiger ist.
Mit deutschem Gruß! Hochachtungsvoll G. Domagk" /28/

Die Reichskanzlei erbittet von Seiten des Auswärtigen Amtes eine Stellungnahme zu Domagks Brief, die sich trotz mehrfacher Mahnung allerdings bis zum 8. Dezember des Jahres verzögert. Die Verzögerung der Antwort wird damit begründet, dass *„die weitere Behandlung der Angelegenheit vom Führer und Reichskanzler selbst übernommen worden war."* /29/ Legationsrat von Stolzmann vom Auswärtigen Amt ruft Domagk am **14. oder 15. November** an und bittet ihn um die abschriftliche Übersendung seiner um den Nobelpreis geführten Korrespondenz. Domagk kommt dieser Bitte sofort nach. Trotz der Aufregung um seinen Nobelpreis bereitet sich Domagk in diesen Novembertagen konzentriert auf einen Vortrag über *‚Das Prontosil und seine Verwendung'* vor, den er im Rahmen eines Internationalen Fortbildungskurses *‚Ein Querschnitt durch die neueste Medizin'* halten soll. Diese Veranstaltung, von der Berliner Akademie für Ärztliche Fortbildung organisiert, ist für den 27. November bis 2. Dezember in Berlin vorgesehen.

Man kann sich gut vorstellen, dass Domagk in diesen Tagen hoffnungsvoll auf eine Antwort der Reichskanzlei wartet. Doch Hitler antwortet nicht auf Domagks Brief. Seine Antwort an Domagk besteht darin, dass er ihn am **17. November gegen 22.15 Uhr** in dessen Wohnung in Wuppertal-Elberfeld durch die Gestapo verhaften lässt. Domagks Korrespondenz, die sich auf die Verleihung des Nobelpreises bezieht, wird sichergestellt. Er selbst wird in die Außendienststelle Wuppertal der Staatspolizeileitstelle Düsseldorf verbracht. Ein Grund für die Festnahme wird ihm nicht angegeben. Nur einer Nebenbemerkung eines Gestapo-Vertreters entnimmt er Tage später, dass der Anlass für seine Verhaftung sein zu höfliches Verhalten gegenüber der schwedischen Institution gewesen sein soll, die ihm den Nobelpreis verliehen hat.

18. November:

Im Ergebnis einer Vernehmung durch den Leiter der Staatspolizeileitstelle Düsseldorf, SS-Obersturmbannführer Dr. Haselbacher, muss Domagk eine Erklärung /30/ verfassen, die einerseits seine wissenschaftlichen Leistungen auf dem chemotherapeutischen Gebiet charakterisiert und andererseits die bis zu diesem Zeitpunkt abgelaufenen Aktivitäten Domagks im Zusammenhang mit der Nobelpreisverleihung auflistet. Diese Erklärung Domagks wird von Dr. Haselbacher per Fernschreiben an den Chef der Sicherheitspolizei und des SD, SS-Gruppenführer Heydrich gesendet. (Heydrich ist zu dieser Zeit Chef des am 27. September 1939 eingerichteten Reichssicherheitsamtes, das aus staatlicher Sicherheitspolizei und dem Sicherheitsdienst (SD) des Reichsführer SS gebildet worden war.) Sie erhält einen Zusatz von Seiten Haselbachers, in dem es heißt:*„Die Korrespondenz liegt mir vor. Die Angaben Prof. Domagks decken sich mit dem Schriftwechsel. Soweit seine Angaben nicht schriftlich gelegt sind, erscheinen sie glaubwuerdig. Domagk ist der typische Gelehrte, der nur seiner Forschung lebt. Ich bitte um weitere Weisung, ob Domagk entlassen werden kann. "* /31/

Haselbacher sendet am gleichen Tag ein weiteres Fernschreiben an Heydrich, das Angaben zur politischen Haltung Domagks enthält: *„Über die politische Haltung des Professors Domagk habe ich soeben mit dem Leiter der SD-Aussenstelle Wuppertal, SS-Standartenführer Benn, Rücksprache genommen. Benn schildert mir Domagk als einen Menschen, der stets national eingestellt war und heute voll auf dem Boden des Nationalsozialismus stehe. Ich habe weiter vertraulich erfahren, dass gestern nacht die Gauleitung Düsseldorf von der Reichskanzlei aus durch ein Blitzgespräch über eine politische Auskunft über Domagk ersucht worden ist. Diese Auskunft soll positiv ausgefallen sein. "* /32 /

Die Einschätzung, *„dass Domagk heute voll auf dem Boden des Nationalsozialismus stehe“,* befindet sich im Widerspruch zu der von seinem Biographen Ekkehard Grundmann gegebenen Charakterisierung des politischen Verhaltens von Gerhard Domagk in der NS-Zeit. */Siehe Kurzbiographie Gerhard Domagk./*

20. November:
Haselbacher informiert Heydrich über den in Berlin anstehenden internationalen Fortbildungskurs, in dessen Rahmen Domagk sprechen soll. Weiterhin teilt er mit, dass eine auf Wunsch Domagks durchgeführte ärztliche Untersuchung bei diesem folgenden Befund ergab: *„Nervöse Angina pectoris mit ausstrahlenden Schmerzen nach dem linken Arm, die anfallweise auftritt. Allgemeiner nervöser Erschöpfungszustand."/33 /*
Haselbacher hält sich verpflichtet,*„auf diesen Sachverhalt hinzuweisen, damit er gegebenenfalls bei der weiteren Entscheidung berücksichtigt werden kann."/34/*

21. November:
Nach einer fernmündlichen Unterredung von Dr. Haselbacher mit dem SS-Oberführer Müller vom Reichssicherheitshauptamt, Amt IV (Amt IV war das Geheime Staatspolizeiamt, Abkürzung Gestapa) in Berlin wird Domagks Haftentlassung für diesen Tag festgelegt. Vor der Entlassung aus der Haft hat Domagk eine ihm vorgelegte ‚Eröffnung' zu unterschreiben, in der er es u. a. heißt:
„Ich bin jedoch darauf hingewiesen worden, dass ich in dieser Angelegenheit die notwendige politische Zurückhaltung vermissen ließ. Da mir die Folgen der seinerzeitigen Verleihung des sogen. ‚Friedens-Nobel-preises' bekannt waren, hätte ich damit rechnen müssen, dass auch die Verleihung des jetzigen Preises größere politische Demonstrationen hätte zur Folge haben können." /35/

Domagk erreicht, dass er zu dieser ‚Eröffnung' noch eine vier Punkte umfassende, ‚Persönliche Erklärung'/36/ hinzufügen darf. Er führt noch einmal die Schritte an, die er nach der Information über die Verleihung des Nobelpreises gegangen ist und betont, dass ihm *„jede irgendwie geartete illoyale Handlung ferngelegen hat."*
In Punkt 4 geht er auf den von ihm an Hitler geschriebenen Brief ein: *„ ...ich hoffte, dem Führer hiermit eine Freude bereiten zu können."* Nach diesen Demütigungen durch die Gestapo und den eigenen Selbsterniedrigungen wird Domagk um 15.30 Uhr aus der Gestapohaft entlassen.

Dr. Haselbacher weist in einem nach diesem Zeitpunkt an Müller abgesandten Fernschreiben daraufhin, dass die Festnahme von Domagk nicht unbekannt geblieben ist und fragt an, *„welche Gründe für seine Festnahme soll Prof. Domagk auf Befragen den ausländischen Gästen angeben, die an der Internationalen Ärzte-Tagung am 27.11. in Berlin teilnehmen? "/37/*

22. November:
Haselbacher erhält von Müller per Fernschreiben folgenden Auftrag:
„Der Fuehrer hat befohlen, dass Prof. Dr. Domagk dieses Mal noch nicht wieder in Erscheinung tritt, also an der Forschungstagung vom 27.11.bis 2.12.1939 nicht teilnimmt und auch seinen beabsichtigten Vortrag am 28.11.1939 nicht haelt. Es ist dies Prof.Dr.Domagk zu eroeffnen. Die übrigen Formalitaeten – Absage bei der Forschungstagung usw. – hat das Auswaertige Amt übernommen. – Ich bitte um Vollzugsmeldung."/38/ Die Eröffnung dieses Führerbefehls gegenüber Domagk kann von Haselbacher allerdings nicht vollzogen werden. Wie er vom Rektor der Universität Münster, Prof. Mevius erfährt, hat sich Domagk schon am 22. November über Münster auf die Reise nach Berlin begeben, weil dieser sich am **23. November** um 15.00 Uhr beim Reichserziehungs-ministerium einfinden soll. Domagk träfe um 14.15 Uhr am Potsdamer Bahnhof in Berlin ein und würde im Hotel Koburger Hof am Bahnhof Friedrichstrasse wohnen. Diese Informationen gibt Haselbacher an SS-Obergruppenführer Müller weiter und stellt ihm anheim, Domagk *„das Erforderliche von dort aus eröffnen zu lassen."/39/* Domagk schreibt in seinen Lebenserinnerungen zu diesem Vorgang:
„Als ich nach der Entlassung aus der Haft, körperlich sehr mitgenommen, nach Berlin fuhr, um den zugesagten Vortrag zu halten, wurde ich auf dem Potsdamer Bahnhof mit Lautsprecher gesucht und am Ausgang von einem Beamten der Geheimen Staatspolizei in Empfang genommen und zur Dienststelle mitgenommen, wo mir eröffnet wurde, dass ich den Vortrag nicht halten könne."/40/

An den für den 23. November festgelegten Termin im Reichserziehungsministerium (= Reichsministerium für Wissenschaft, Erziehung und Volksbildung, A.N.) erinnert sich Domagk in folgender Weise:

„Auf dem Ministerium in Berlin (Prof. Mentzel) wurde mir versichert, dass man mir ein Äquivalent für den Verzicht auf den Nobelpreis geben wolle. Man habe erwogen, die I.G. (= I.G. Farbenindustrie AG, zu der die Bayer-Werke gehörten, A.N.) *zu veranlassen, die Summe des Nobelpreises zu erstatten, einen Prof. honoris causa usw. – Nach Stockholm muss das vorgelegte Schreiben unterzeichnet werden mit dem Inhalt: "Entsprechend dem Gesetz, über das ich jetzt genau unterrichtet bin, kommt nur eine glatte Ablehnung des mir angebotenen Preises in Frage."* /41/ (Den zitierten Satz „Entsprechend dem Gesetz..." findet man allerdings nicht in dieser Form im Ablehnungsschreiben. Es kann sein, dass Domagk selbst kein Exemplar dieses Schreibens hatte. A.N.)

Die in dem Gespräch mit Prof. Mentzel erweckten Hoffnungen auf ein Äquivalent für den abgelehnten Nobelpreis usw. erfüllten sich jedoch nicht. Er wird gezwungen, in einem ihm vorgelegten Ablehnungsschreiben den Nobelpreis zurückzuweisen. Das bei Prof. Mentzel von Domagk unterzeichnete und an das Karolinische Institut in Stockholm gerichtete originale Ablehnungsschreiben sollte Domagk von seinem Heimatort Wuppertal-Elberfeld nach Stockholm senden. Da die Gestapo ihm verboten hatte, mit Schweden zu korrespondieren, wandte er sich am **24. November** an die Gestapo Wuppertal-Elberfeld /42/ und fragte an, ob er so vorgehen darf. Die Außendienststelle Wuppertal der Gestapo nahm jedoch Domagk den Gang zur Post ab. Sie fertigte eine Abschrift des Ablehnungsschreibens an und sandte das Originalschreiben selbst per Einschreiben am **24. November** nach Stockholm./43/ Der erzwungene Ablehnungsbrief lautete:

<u>Abschrift.</u>

Prof.Dr.med.Gerhard Domagk Wuppertal-Elberfeld,d.23.Nov.1939
            Walkürenallee 11

  An das

    Karolinische Institut,
    <u>S t o c k h o l m</u>

      In meinem Brief vom 3.d.Mts. habe ich bereits
erwähnt, dass meines Wissens deutschen Reichsangehörigen die Annahme
eines Nobelpreises gesetzlich nicht gestattet sei. Mir war aber beim
Schreiben dieses Briefes noch nicht bekannt, welche Bewandtnis es
mit diesem Verbot hat, und auf welche Umstände es zurückzuführen ist.
Erst jetzt habe ich in Erfahrung gebracht, dass das Nobel-Komitee in
Oslo im Herbst 1936 den Friedenspreis an den wegen Landesverrat verurteilten Karl von Ossietzky verliehen und dass die in dieser Verleihung liegende absichtliche Demonstration gegen das nationalsozialistische Deutschland den Anlass zu einem besonderen Erlaß des Führers
und Reichskanzlers gegeben hat, in dem das erwähnte Verbot ausgesprochen wurde.   Unter diesen Umständen muss ich bitten, meinen
in Unkenntnis des wirklichen Sachverhalts abgesandten Brief vom
3.d.Mts. als nicht geschrieben zu betrachten. Zu meinem Bedauern kann
ich jetzt in dem Beschluss des Karolinischen Instituts nicht mehr
eine ehrende Anerkennung meiner Arbeit sehen, muss vielmehr annehmen,
dass das Institut, dem die Gründe des deutschen Verbots ganz
zweifellos bekannt waren, mir zumuten wollte, dieses Verbot einfach
zu missachten.Eine solche Mißachtung wäre für jeden Deutschen mit
einem Treubruch gleichbedeutend, den ich selbstverständlich weit von
mir abweisen muss. Ich sehe mich daher genötigt, die Annahme des
Preises hiermit abzulehnen.

          gez. G. Domagk

<u>Briefumschlag:</u>   - - -
An das
Karolinische Institut
z.Hd.Prof.Holmgren,   F.d.R.d.A.:
 <u>Stockholm</u>
          Pol.Ang.

Die Geschehnisse um seinen Nobelpreis hatten bei Domagk
starke psychische und physische Auswirkungen:

 *„Obwohl ich mir immer wieder sagte, es ist Krieg, jetzt ist
nicht die Zeit, um für eine offenbare Ungerechtigkeit
Genugtuung zu fordern, hat mich die ganze scheußliche
Angelegenheit doch sehr mitgenommen, auch gesundheitlich...
Der Zusammenbruch meiner bisher auf Ideale eingestellten
Lebensauffassung war schwer zu überwinden."/44/*

Abgelehnte Chemie-Nobelpreise:
Richard Kuhn und Adolf Butenandt

Wenige Wochen nach Kenntnisnahme der Nationalpreisvorschläge für das Jahr 1939 sieht sich Hitler erneut mit dem Namen Richard Kuhn in einer Auszeichnungsfrage konfrontiert.

Die Königliche Schwedische Akademie der Wissenschaften entschied im November 1939, ungeachtet des bestehenden Verbots in Deutschland für die Annahme von Nobelpreisen, zwei deutsche Chemiker mit dem Nobelpreis für Chemie auszuzeichnen. Richard Kuhn, seit 1937 Direktor des Kaiser Wilhelm-Instituts für medizinische Forschung in Heidelberg und seit 1938 Präsident der Deutschen Chemischen Gesellschaft, erhielt den Nobelpreis für Chemie rückwirkend für das Jahr 1938 für seine hervorragenden Forschungsleistungen über Carotinoide und Vitamine zuerkannt. Adolf Butenandt, seit 1936 Direktor des Kaiser Wilhelm-Instituts für Biochemie in Berlin, erhielt gemeinsam mit dem Schweizer Leopold Ružička von der Eidgenössischen Technischen Hochschule Zürich den Nobelpreis für Chemie 1939 zugesprochen. Damit wurden bei Butenandt dessen bahnbrechende Forschungsergebnisse auf dem Gebiet der Sexualhormone und bei Ružička dessen erstrangige Leistungen zu Polymethylenen und höheren Terpenen gewürdigt.

War Gerhard Domagk schon am 26./27.Oktober 1939 von seiner Auszeichnung mit dem Nobelpreis für Physiologie/Medizin durch das Karolinische Institut informiert worden, so erhielten Kuhn und Butenandt die Nachricht ihrer Auszeichnung mit einem Chemie-Nobelpreis durch die zuständige Königliche Schwedische Akademie der Wissenschaften erst am 10.November 1939. Wie Butenandt sich erinnert, bekam er die telegraphische Benachrichtigung an diesem Tag gegen 9.00 früh: *„Bereits eine Stunde später übermittelte mir das Deutsche Auswärtige Amt telephonisch den Bescheid, dass mir jede offizielle Äußerung und jede Beantwortung des Telegramms strengstens untersagt sei, bis die als „hochpolitisch" bezeichnete Angelegenheit der Verleihung von Nobelpreisen an deutsche Wissenschaftler eine*

Klärung von Seiten der Regierung erfahren habe. Dieser Anruf vom Auswärtigen Amt wurde in den folgenden Tagen noch zweimal in betont verwarnender Art wiederholt. Der Anordnung hatte ich schon im Hinblick auf die bestehende Postkontrolle an den Grenzen während des Krieges Folge zu leisten, wählte aber nach reiflicher Überlegung den Ausweg, sofort einen persönlichen Brief an Herrn Professor von Euler in Stockholm zu richten, in dem der Ausdruck meiner Freude über die hohe Ehrung und der aufrichtig empfundene Dank enthalten waren, verbunden mit der vorsichtig gewählten Formulierung, daß ich erst nach Stellungnahme der mir vorgesetzten Behörde in der Lage sein würde, der Königlichen Akademie der Wissenschaften selbst zu schreiben. Ich bin lange Zeit von der Auffassung ausgegangen, dass dieser Brief, dessen Inhalt mir später bei Verhandlungen im Reichskultus-ministerium zum Vorwurf gemacht wurde – der Königlichen Akademie als Zeugnis meiner wahren Einstellung gedient haben würde."/45/

Der hier erwähnte Brief an Prof. Hans von Euler vom 11. November 1939 hatte folgenden Inhalt:

„In der großen Freude über die Nachricht von der mir zuteil gewordenen Ehrung möchte ich Ihnen gleich ein paar Zeilen senden und Ihnen herzlich danken für Ihr Gedenken und Ihre Glückwünsche.

Ich empfinde zutiefst die besondere persönliche Ehre und die große Anerkennung meiner Arbeiten, die in dem mir zuerkannten Nobelpreis zum Ausdruck kommen. Zunächst warte ich noch auf die Stellungnahme der mir vorgesetzten Behörden zu der Frage, was ich der Königlichen Schwedischen Akademie der Wissenschaften antworten darf. Ich hoffe, diese Stellungnahme trifft bald ein; Sie aber sollen nicht warten, um an meiner großen Freude als einer der ersten Anteil zu nehmen."/46/

Einen analogen Brief /47/ sandte Richard Kuhn an Hans von Euler. Die erste Reaktion Butenandts und Kuhns war also im Gegensatz zu Domagk nicht an die Schwedische Akademie der Wissenschaften gerichtet, sondern inoffiziell an den Direktor des Instituts für Organisch-chemische Forschung der Stockholm Högskola, Hans von Euler, wohl darauf hoffend dass dieser davon die Schwedische Akademie unterrichten würde. Der Deutschland schon seit Jahrzehnten sehr verbunden Hans von Euler, Mitglied des Nobelkomitees für Chemie, vertrat den Standpunkt, dass deutsche Wissenschaftler trotz des bestehenden Führererlasses weiterhin ausgezeichnet werden müssten, sowohl im Interesse Deutschlands als auch zur Vermeidung einer Schieflage der schwedischen Auszeichnungspolitik. Er hatte sich bei der Entscheidungs-findung in Stockholm vehement dafür eingesetzt, dass die beiden Deutschen einen Nobelpreis zugesprochen bekommen. Er versuchte auch nach der Zuerkennung über diplomatische Kanäle das NS-Regime im Interesse der betroffenen Forscher zu beeinflussen.

Obwohl der Schwedischen Akademie bis zum 17. November noch keinerlei offizielle Reaktion von Seiten der Preisträger zugegangen war, hielt es die Akademie für angeraten, die beiden Wissenschaftler auf bestehende Schwierigkeiten in Bezug auf die Überreichung der Preise zu informieren. So heißt es in einem diesbezüglichen Brief vom 17. November 1939 an Richard Kuhn:

„Ich bedaure sehr mitteilen zu müssen, dass die gewöhnlichen Feierlichkeiten am 10. Dezember (Todestag Alfred Nobels) dieses Jahr wegen der gegenwärtigen Kriegsverhältnisse nicht stattfinden werden. Die Ueberreichung von Medaille, Diplom und Preisbetrag wird deshalb zu einem späteren Zeitpunkt nach Vereinbarung mit der Nobelstiftung geschehen. In diesem Zusammenhang möchte ich Ihre Aufmerksamkeit darauf lenken, dass nach den Statuten der Nobelstiftung der Preis eingezogen wird, falls der Preisträger seinen Preis nicht vor dem 1. Oktober 1940 abgeholt hat oder falls er schon vorher erklärt, den Preis nicht empfangen zu wünschen (§9, beigelegten Statuten)." /48/

Die baldige Stellungnahme der Reichsregierung, die sich Butenandt in seinem Brief an Hans von Euler so erhofft hatte, fand einen ersten Ausdruck in der Verhaftung Gerhard Domagks (17.- 21. November), die auch als Einschüchterung auf Kuhn und Butenandt wirkte. Der nächste Schritt bestand darin, dass Ministerialdirektor Prof. Mentzel, Leiter des Amtes für Wissenschaft im Reichsministerium für Wissenschaft, Erziehung und Volksbildung, und zuständiger Beauftragter des Ministeriums für die Kaiser Wilhelm-Gesellschaft, die beiden

Wissenschaftler für den 23. November zu sich nach Berlin zu einer Besprechung einlud, die den Zweck hatte, diese zur schriftlichen Ablehnung ihrer Nobelpreise zu veranlassen. Wie aus dem Ablauf der Ereignisse um Domagk hervorgeht, war dieser am gleichen Tag für 15.00 Uhr allein zu Mentzel bestellt.

Richard Kuhn hat in einem Schreiben an die Königliche Schwedische Akademie der Wissenschaften vom 19. Oktober 1948 die Befehlsempfangsszene bei Mentzel in folgender Weise beschrieben:

„Kurz darauf (nach Erhalt des Telegramms aus Stockholm, A.N.) *wurde ich von Heidelberg nach Berlin beordert, wo ich als erstes erfuhr, dass Herr Prof. Dr. G. Domagk im Zusammenhang mit der Verleihung des Nobelpreises verhaftet worden sei.* (Die Tatsache, dass Domagk am 21.November wieder freigelassen worden war, war der Informationsquelle Kuhns entweder nicht bekannt oder wurde bewusst verschwiegen. A.N.) *In Berlin fand eine 'Besprechung' statt, bei der Herr Prof. Dr. A. Butenandt und ich Herrn Ministerialdirektor R. Menzel* (richtige Schreibweise ist Mentzel, A.N.) *sowie einem mir unbekannten Herrn gegenübersassen. Auf dem Tisch lagen 3 mit Schreibmaschine beschriebene Briefbogen ohne Kopf. Es handelte sich um den Wortlaut der Briefe, die Herr Domagk, Herr Butenandt und ich später an die Kgl. schwedische Akademie der Wissenschaften in Stockholm abgeschickt haben. Der Herrn Domagk vorgeschriebene Text war am längsten.*

Herr Butenandt und ich haben versucht wenigstens die überheblichsten und für die Akademie in Stockholm beleidigendsten sowie sachlich unrichtige Stellen der Texte abzuändern. Das blieb jedoch ohne Erfolg. Der uns gegenübersitzende, mir unbekannte Herr erklärte, es sei 'jedes Wort vom Führer persönlich' gutgeheissen und 'unabänderlich'.

Am Ende dieser 'Besprechung' wurde uns bekanntgegeben, dass die Briefe nicht gleichzeitig abgeschickt werden dürften. Herr Butenandt und ich erhielten die Tage der Absendung genau vorgeschrieben und die Texte ausgehändigt." /49/

Butenandt, der auch zu Hause weiter zögerte, den Brief zu unterzeichnen, beriet sich mit Kollegen und Freunden, so mit dem Generalsekretär der KWG Ernst Telschow, mit dem 1. Direktor des Kaiser Wilhelm-Insituts für Biologie Fritz Wettstein und dem 2. Direktor am KWI für Biologie Alfred Kühn. Nach Butenandts Biographen Peter Karlson sagte Kühn wörtlich: *„Ich verlasse Ihre Wohnung nicht, bevor Sie nicht versprochen haben, daß Sie keinen Unsinn machen. Mit einer Weigerung erreichen Sie nichts. Sie rennen ins Verderben mit Ihrer Familie und mit Ihrem Institut. Das ist sinnlos.“* /50/

Sowohl Richard Kuhn als auch Adolf Butenandt unterschrieben wie nachfolgend Gerhard Domagk die vorgegebenen Ablehnungsbriefe und sendeten sie – wie befohlen – nach Stockholm.

Von Butenandt ist bekannt, dass er noch geringfügige Änderungen vornahm. Im Ablehnungsbrief Butenandts vom 25. November 1939 */51, siehe auch Dokument 3/* wird die Ablehnung des Nobelpreises wie bei Domagk vor allem damit begründet, dass im Jahre 1936 der Friedens-Nobelpreis (rückwirkend für 1935, A.N.) an Carl von Ossietzky verliehen wurde, was in Deutschland *„allgemein als beleidigende Demonstration gegen das Deutsche Reich“* angesehen worden sei. Die Einhaltung des darauf folgenden gesetzlichen Verbots für alle Deutschen, einen Nobelpreis anzunehmen, verstehe sich für jeden Deutschen von selbst. Weiterhin wird der Akademie unterstellt, Butenandt veranlassen zu wollen, sich durch die Annahme des Preises *„außerhalb der deutschen Volksgemeinschaft“* zu stellen.

Für Butenandt, der erst nach einigem Zögern und erst nach Aufforderung durch den Danziger Gauleiter Albert Forster im Jahre 1936 der NSDAP beigetreten war, war die erzwungene Ablehnung des Nobelpreises ein schwerer Schlag, der seine Bewunderung für und sein Vertrauen in Hitler schwer erschütterte. Butenandt hatten vor allem die ‚friedlichen' außenpolitischen Erfolge Hitlers vor Beginn des Krieges imponiert.

In einem privaten Brief beklagte er die eingetretene Situation:

„Wie schade, wie unendlich schade, dass die Freude so getrübt wird! Warum musste diese unselige Entwicklung kommen? Wie anders war es, als Windaus 1927 den Preis bekam, welch Höhepunkt im Leben der Nation! Und jetzt werden mitten im Krieg, im Hassgesang der Völker, 3 Deutsche von der Welt geehrt; – die Presse des Auslandes meldet es, aus 100 Zeitschriften aus aller Welt spricht die Hochachtung vor dem Werk ... und Deutschland schweigt und verbietet den Geehrten einstweilen jede Antwort!" /52/

Im erzwungenen Ablehnungsbrief */53, siehe auch Dokument 4/* Richard Kuhns vom 28. November 1939 wird auf den Fall Ossietzky nicht Bezug genommen.

Die Zuerkennung des Nobelpreises wird in diesem Brief als Versuch der Schwedischen Akademie der Wissenschaften aufgefasst, Kuhn zu einem Treubruch gegenüber dem Führer zu veranlassen. Während Butenandt und Domagk ihre Ablehnungsbriefe nur mit ihrem Namen unterschrieben, setzte Kuhn vor seinen Namen handschriftlich noch die wohl nicht erzwungene NS-Losung:*„Des Führers Wille Ist Unser Glaube."*

Nach dem II. Weltkrieg, als sich der Führererlass und der Führer selbst erledigt hatten, gab es von den drei deutschen Nobelpreisträgern ein verständliches Interesse daran, die abgelehnten Nobelpreise nachgereicht zu bekommen.

Butenandt hat sich in seinem Bericht ,Aus meinem Leben' zur Frage des Wiederaufgreifens der Nobelpreisthematik so geäußert:

„1939 bekamen Gerhard Domagk, Richard Kuhn und ich den Nobelpreis für Chemie. (Hinweis von A.N.: Gerhard Domagk bekam nicht einen Nobelpreis für Chemie, sondern den Nobelpreis für Physiologie oder Medizin.) *Es war schon Krieg, und wir wurden damals, ich darf sagen, unter recht dramatischen Umständen, gezwungen, diesen Preis abzulehnen. Nach dem Krieg hat uns die Schwedische Akademie der Wissenschaften aufgefordert, einmal darzustellen, wie es zu dieser doch sehr ungewöhnlichen Ablehnung gekommen war. Aufgrund dieser Darstellung beschloß dann die Akademie, uns den Nobelpreis doch noch*

nachträglich zuzuerkennen. Und so sind mir dann 1949 Diplom und Goldmedaille durch den Generalkonsul Schwedens in Frankfurt überreicht worden. "/54/

Diese Darstellung hinterlässt den Eindruck, dass die Schwedische Akademie der Wissenschaften von sich aus die Initiative zur nachträglichen Anerkennung der drei deutschen Forscher ergriffen hätte. Dies war jedoch nicht der Fall. Die Initiativen kamen von deutscher Seite. So hatte sich am 27. März 1948 der Journalist Dr. Jobst Klinkmüller aus Frankfurt am Main mit einem Schreiben (Dieser Brief war in den Archivmaterialien in Stockholm bis jetzt nicht auffindbar. Aus der Antwort der Nobelstiftung vom 9. April 1948 kann man jedoch leicht erkennen, welche Fragen Dr. Klinkmüller aufgeworfen hatte. A.N.) an die Schwedische Akademie der Wissenschaften gewandt, in dem er die Fragen der nachträglichen Preisüberreichung ansprach. Dabei ging er von der Annahme aus, dass Gerhard Domagk am 10. Dezember 1947 sowohl die Insignien als auch das Preisgeld vom Schwedischen König nachträglich überreicht bekommen hätte. In der Antwort der Nobelstiftung heißt es:

„Ihr verehrter Brief vom 27.v.Mts. an das Nobelkomité der Schwedischen Akademie der Wissenschaften, in dem Sie gewisse Fragen wegen der angegebenen nachträglichen Überreichung des Nobelpreises vom Jahre 1939 an Professor Gerhard Domagk aufstellen wurde uns zur Beantwortung übersandt.

Wir müssen denn erstens Ihre Auffassung in der Hauptsache berichtigen. Professor Domagk konnte <u>nicht</u> den Nobelpreis, d.h. den Geldbetrag des Preises von 1939, an ihn ausgezahlt bekommen. Dieser Betrag wurde nämlich, den Statuten der Nobelstiftung gemäß, an die entsprechenden Fonds der Stiftung zurückgeführt, nachdem er seinerzeit – nachträglich – den Preis abgelehnt hatte.

Ein im Februar 1947 vom Nordwestdeutschen Ärztekammerausschuß durch den schwedischen Generalkonsul in Hamburg eingesandten Antrag um die nachträgliche Ueberreichung des Preises an Prof. Domagk musste unter diesen Umständen von den entscheidenden Instanzen der Nobelstiftung statutengemäss abgelehnt werden ... Im vorigen Jahr wurde dann Prof. Domagk von der Nobelstiftung und dem

Karolinischen Institut eingeladen, bei dem jährlichen Nobelfeier am 10. Dezember diese Zeichen der Anerkennung seiner hervorragenden Leistungen aus der Hand des Königs in feierlicher Weise empfangen. Aber der Geldbetrag des Preises konnte ihm, wie gesagt, nicht ausgezahlt werden. /55/

Im Weiteren wird in diesem Brief auf die Reaktion von Domagk gegenüber der Schwedischen Akademie der Wissenschaften nach der Zuerkennung des Nobelpreises im Jahre 1939 und die ihm daraus entstandenen Schwierigkeiten (Gestapohaft, erzwungenesAblehnungsschreiben) eingegangen. Weiter heißt es in der Antwort der Nobelstiftung:

„Bei den anderen, von ihnen erwähnten Professoren – Herren Butenandt und Kuhn – liegen die Verhältnisse etwas anders. Sie haben beide sofort nach erhaltener Mitteilung über die Zuteilung der betr. Preise dieselben abgelehnt, sogar in schärfster Form ... Die betreffende Preisbeträge wurden, sowie in dem Falle Domagks, an die entsprechenden Fonds der Nobelstiftung zurückgeführt." /56/Dr. Klinkmüller bedankt sich schon am 5. Mai 1948 für diesen Brief der Nobelstiftung, der dazu beigetragen habe, *„gewisse Irrtümer, die durch falsche Zeitungsmeldungen entstanden waren, zu beseitigen."* /57/ Klinkmüller hebt in diesem Brief hervor, dass auch die Ablehnungsbriefe von Kuhn und Butenandt unter Zwang zustande kamen. Er bezieht sich dabei auf ein Gespräch mit Richard Kuhn: *„Ich habe vor wenigen Tagen anlässlich einer wissenschaftlichen Tagung in Göttingen mit Herrn Professor Kuhn über die Angelegenheit gesprochen und erhielt von ihm folgende Auskunft:*

Professor Kuhn und Professor Butenandt schrieben sofort, als ihnen die Verleihung des Nobelpreises mitgeteilt wurde, Briefe nach Stockholm, worin sie sich für die Ehrung bedanken und gleichzeitig die Preise annahmen." /58/

Diese Aussage von Seiten Dr. Klinkmüllers stellt zumindest ein Missverständnis dar. Butenandt und Kuhn haben zwar sofort nach Stockholm geschrieben, aber nicht an die Nobelstiftung, sondern – wie oben ausgeführt – an den Direktor des Instituts für Organische Chemie an der Stockholm Högskola, Prof. Dr. Hans von Euler. Eine Annahme des Preises haben sie in diesen Briefen nicht ausgesprochen. Der Brief Klinkmüllers vom 5. Mai, der außer dem erwähnten Fehler weitere Ungereimtheiten aufweist, schließt mit einem intensiven Appell an die Nobelstiftung:

„Es ist ein Kuriosum, dass zwei Wissenschaftler in der Liste der Nobelpreisträger geführt werden, obwohl sie die äußeren Ehrungen nicht in Empfang nehmen konnten, weil sie durch Zwang daran gehindert wurden. Beide waren keine Verfechter nationalsozialistischer Gedankengänge – sonst wären sie heute gewiss nicht Direktoren wissenschaftlicher Institute. Im Falle Prof. Domagks wurde die Überreichung des Nobelpreises nachträglich vorgenommen, und zwar geschah dies auf Grund eines entsprechenden Antrages der Nordwestdeutschen Ärztekammer. Sollte sich nicht auch eine Möglichkeit finden lassen, den beiden anderen Preisträgern Medaille und Diplom nachträglich zu überreichen und damit ihnen ein von anderer Seite zugefügtes grosses Unrecht wieder gutzumachen?" /59/

Wie aus Archivmaterialien der Nobelstiftung, der Königlichen Schwedischen Akademie der Wissenschaften sowie dem Archiv der Max-Planck-Gesellschaft hervorgeht, hat sich auch die Verwaltungssekretärin und Bibliotheksverwalterin des Kaiser Wilhelm-Instituts für medizinische Forschung (seit 1948 Max-Planck-Institut für …), Frau Lily Engel-Ebhardt in privater Form, d.h. ohne Bezugnahme auf ihren Beruf und ihr Beschäftigungsverhältnis, am 7. Juli 1948 mit einer Anfrage zu den im Jahre 1939 von den drei deutschen Wissenschaftlern abgelehnten Nobelpreise an die Nobelstiftung gewandt. Man kann wohl davon ausgehen, dass über diese Initiative ihr Chef, Prof. Richard Kuhn, informiert war. Sie erhielt am 28. Juli 1948 einen gleichlautenden Antwortbrief wie Dr. Klink-müller. Die von der Nobelstiftung darin gewählte Formulierung, dass Butenandt und Kuhn die ihnen zuerkannten Nobelpreise in schärfster Form abgelehnt hätten, nahm Frau Lily Engel-Ebhardt zum Anlass, in ihrem Antwortschreiben vom 14. August 1948 Informationen über den Ablauf der erzwungenen Ablehnung des Nobelpreises durch Richard Kuhn zu übermitteln. Neben dem Hinweis auf den durch das NS-Regime auf Kuhn ausgeübten Druck verweist sie auf einen weiteren Beweggrund Kuhns für die Unterzeichnung des Ablehnungsbriefes:

„Mitbewogen zu diesem Schritt hat ihn sicher auch die Sorge um das Institut mit seinen fast 100 Angestellten, dessen Los im Falle seiner Verhaftung mehr als fraglich gewesen wäre, denn das Kaiser Wilhelm Institut in Heidelberg war allen Nazi-Behörden ein Dorn im Auge und man wartete nur auf eine Gelegenheit es zu ,liquidieren', und es ist einzig und allein der Klugheit und dem diplomatischen Geschick Prof. Kuhn's, der allein für das Institut und seinen Bestand die Verantwortung trug, zu verdanken dass es noch existiert. – Wenn dieses an den traurigen Tatsachen der Nazi-Zeit auch nichts ändert, so ist es doch vielleicht ganz interessant zu wissen, wie die Dinge wirklich waren, die von aussen so ganz anders und wesentlich einfacher aussahen. (Das Institut hatte im Gegensatz zur Universität nur knappe 25% Pg's und/oder mit irgend einem niedrigen Parteiamt betraute Leute unter seinen Mitgliedern, die angeordneten täglichen Appelle wurden nicht abgehalten u. dergl. mehr.) "/60/ Kuhn selbst hat in seinem ,Erklärungsbrief' vom 19. Oktober 1948 *(siehe Dokument 5)* seine Beweggründe für die Unterzeichnung seines Ablehnungsbriefes im Jahre 1939 so dargestellt:

„Wir wussten, dass Herr Domagk verhaftet war, konnten aber nicht ahnen wie lange das dauern und was sein weiteres Schicksal sein werde. Der II. Weltkrieg war eben ausgebrochen. Heidelberg lag nahe an der Front. Die Verweigerung der Unterschrift wäre wohl mit dem Entschluss gleichbedeutend gewesen, das Kaiser Wilhelm-Institut für medizinische Forschung, aber auch meine Frau und unsere 5 Kinder in dieser Situation im Stich zu lassen."/61/

Erinnert man sich, dass im Herbst 1939 sich noch höchste NS-Behörden für eine Auszeichnung Kuhns mit dem Nationalpreis einsetzten, und er von 1938 bis 1945 das hohe Amt des Präsidenten der Deutschen Chemischen Gesellschaft innehatte, so kann man die von Frau Engel-Ebhardt angeführte Liquidierungsbedrohung des Instituts nicht nachvollziehen.

Forschungsergebnisse von Ute Deichmann /62/ aus jüngster Zeit zum Verhalten führender deutscher Chemiker in der NS-Zeit weisen in Bezug auf Richard Kuhn daraufhin, dass er dem NS-Regime auch ohne Parteizugehörigkeit sehr verbunden war. So wird nachgewiesen, dass Kuhn 1936 seinen Kollegen Otto Meyerhof bei der Generalverwaltung der Kaiser Wilhelm-

Gesellschaft denunzierte, weil dieser weiterhin jüdische Mitarbeiter beschäftigte. Für die Treue zum Führer ist auch Kuhns Rede vom 5. Dezember 1942 anlässlich des 75jährigen Bestehens der Deutschen Chemischen Gesellschaft charakteristisch, die er als Präsident dieser Gesellschaft hielt. In dieser heißt es zum Schluss:

„Wir erkennen aber auch, wie im Laufe dieser Zeit die Chemie zu einem Machtfaktor auf unserer Erde hervorgestiegen ist. Wir erkennen aber auch, welch überwältigenden Anteil an den Grundlagen der heutigen Chemie jenen Völkern des Abendlandes zukommt, die der Menschheit einen Scheele und Berzelius, einen Lavoisier und Pasteur, einen Avogadro und Cannizarro, einen Liebig und einen Wöhler geschenkt haben. Um den Fortbestand dieses Blutes, um die Weiterentwicklung dieser ihrer Kultur stehen heute die Völker Europas unter den Waffen genau so wie die des alten ostasiatischen Kulturraumes für den ihrigen. Wir gedenken der Männer, in deren Hand das gemeinsame Schicksal liegt: dem Duce, dem Tenno und unserem Führer ein dreifaches Sieg Heil"/63/

Deichmann kommt zu dem Gesamturteil:

„Richard Kuhn, einem der besten deutschen Naturstoffchemiker, gelang es ohne NSDAP-Mitgliedschaft, ein auch wissenschaftspolitisch sehr einflussreicher Chemiker zu werden. Er ist ein Beispiel für einen hervorragenden Wissenschaftler, der aus Nationalismus und Opportunismus bereit war, seine Forschung und sein Organisationstalent in den Dienst des Nationalsozialismus und Zweiten Weltkrieges zu stellen."/64/

Der Briefwechsel Dr. Klinkmüllers mit der Nobelstiftung bzw. der Schwedischen Akademie der Wissenschaften endete im Oktober 1948. In einem Schreiben an Dr. Klinkmüller stellte die Akademie abschließend fest: *„Der Briefwechsel zwischen Ihnen und der Nobelstiftung betreffs der von den Herren Kuhn und Butenandt abgelehnten Nobelpreise ist unserer Akademie von der Stiftung übergeben worden.*

Seitdem die Akademie Ende 1939 die scharf ablehnenden Briefe der beiden erwähnten Forscher erhielt, **hat sie, obwohl während der letzten drei Jahre dem wohl nichts entgegengestanden ist, von ihnen keine erklärende Mitteilungen bekommen.** *(*Hervorhebung durch A.N.*) Für die Erwägung der Frage von einer Anfertigung von Medaillen und Diplomen für die Herren Kuhn und Butenandt erscheinen derartige briefliche Erklärungen von ihnen selbst billigerweise eine erste Voraussetzung zu sein." /65/* Dr. Klinkmüller hat diese an ihn gerichtete Mitteilung in Abschrift an die beiden Betroffenen weitergegeben und die Akademie darüber am 18. Oktober 1948 unterrichtet. /66/ Diese Mitteilung der Akademie an Dr. Klinkmüller war offensichtlich der Auslöser für Kuhn und Butenandt, Erklärungsbriefe an die Schwedische Akademie der Wissenschaften zu richten, datiert auf den 19. Oktober (Kuhn, siehe Dokument 5) bzw. auf den 10. November 1948 (Butenandt). Ein direkt an die Betroffenen gerichtetes Aufforderungsschreiben von Seiten der Akademie, dessen Existenz man nach der Darstellung Butenandts *„hat uns die Schwedische Akademie aufgefordert"* hätte vermuten können, ist in den Stockholmer Archiven nicht nachweisbar. Auch die Erklärungsbriefe der beiden Forscher an die Akademie von 1948 nehmen keinen Bezug auf eine direkte Aufforderung durch die Akademie.

Die Initiativen von Dr. Klinkmüller und Frau Engel-Ebhardt sowie die Erklärungsbriefe von Kuhn und Butenandt führten dazu, dass die Schwedische Akademie sich entschloss, auch diesen beiden Wissenschaftlern die Insignien (Medaille und Diplom) zukommen zu lassen. Auch sie erhielten wie Domagk kein Preisgeld. Was die Art und Weise der Auszeichnung anging, so machte die Nobelstiftung im Vergleich zu Domagk jedoch Unterschiede. Domagk war 1947 zu den offiziellen Feierlichkeiten am 10. Dezember nach Stockholm eingeladen worden und hatte die Insignien persönlich vom schwedischen König überreicht bekommen. Mit dieser Vorgehensweise honorierte die Nobelstiftung den persönlichen Mut Domagks, sich im Jahre 1939 direkt brieflich bei dem Karolinska-Institutet für die Auszeichnung bedankt zu haben, und wohl auch seine Leidenstage bei der Gestapo.

Gegenüber Butenandt und Kuhn reagierte man von schwedischer Seite reservierter. Eine Übergabe der Insignien durch den König an einem 10. Dezember erfolgte nicht. Man ließ den beiden Ausgezeichneten die Insignien über diplomatische Kanäle zukommen. Butenandt war über die sehr unfeierliche und unpersönliche Überreichung der Insignien durch den schwedischen Generalkonsul in Frankfurt am Main im Jahre 1949 enttäuscht. Eine Einladung zum erstmaligen Besuch einer Festveranstaltung der Nobelstiftung in Stockholm erhielten Butenandt und Kuhn für das Jahr 1950 anlässlich des 50. Jahrestages der Verleihung von Nobelpreisen, zu der alle lebenden Nobelpreisträger eingeladen wurden.

Es war ein Kollegium in Schweden: Chemie-Nobelpreis für Otto Hahn

Im Oktober 1907 begann im organisch-chemischen Institut von Emil Fischer an der Berliner Universität eine jahrzehntelang währende interdisziplinäre Zusammenarbeit des deutschen Radiochemikers Otto Hahn (1879–1968) mit der österreichischen Atomphysikerin Lise Meitner (1878–1968) auf dem Gebiet der Radioaktivität. Die beiden Forscher fanden 1912 ihre Heimstatt im neu gegründeten Kaiser Wilhelm-Institut für Chemie in Berlin-Dahlem und verkörperten zu dieser Zeit zusammen mit nur einem Assistenten die damals kleinste Abteilung dieses Instituts, die Hahn/Meitner Abteilung. Diese sich im Laufe der Jahre vergrößernde Abteilung trennte sich 1924 in die Unterabteilungen Hahn (Radiochemie) und Meitner (Radiophysik) auf, die jedoch weiterhin auf das engste kooperierten und etatmäßig weiterhin eine Abteilung bildeten: *„Eine eventuelle Unterteilung des gemeinsamen Etats in gegenseitigem Einverständnis behalten sich Herr Professor Hahn und Frl. Professor Meitner vor."*/67/ Auf Grund der hohen Leistungen von Hahn und Meitner und der Aktualität ihres Forschungsgebietes wandelte sich inhaltlich das KWI für Chemie immer mehr zu einem international hoch anerkannten „KWI für Radioaktivität"./68/ Die Berufung Otto Hahns im Jahre 1928 zum Direktor des Instituts war dafür ein beredter Ausdruck.

Nach der Entdeckung des Neutrons durch James Chadwick (1891–1974, Nobelpreis 1935 für Physik) im Jahre 1932 entstand sehr rasch eine neue, bedeutende Forschungsrichtung auf dem Gebiet der Radioaktivität: Untersuchungen von Kernreaktionen durch Bestrahlung mit Neutronen. Pionierarbeit leistete hier vor allem der italienische Physiker Enrico Fermi (1901–1954, Nobelpreis 1938 für Physik, 1938 Emigration in die USA) mit seiner Arbeitsgruppe am Lehrstuhl für theoretische Physik an der Universität Rom. Von besonderem Interesse war für ihn die Bestrahlung des letzten Elementes im Periodensystem der Elemente, des Urans mit der Ordnungszahl 92. Das Ziel war, auf diese Weise künstliche Elemente mit einer größeren Ordnungszahl als der des Urans zu synthetisieren, so genannte Transurane. 1934 glaubte Fermi, mindestens zwei radioaktive Transurane in den Reaktionsprodukten des bestrahlten Urans nachgewiesen zu haben. Zweifel an diesen nicht ausreichend bewiesenen Ergebnissen des Kernphysikers Fermi äußerte 1934 die deutsche Chemikerin Ida Noddack (1896–1978):

„Man kann ebenso gut annehmen, dass bei dieser neuartigen Kernzertrümmerung durch Neutronen erheblich andere ‚Kernreaktionen' stattfinden ... Es wäre denkbar, dass bei der Beschießung schwerer Kerne mit Neutronen diese Kerne in mehrere größere Bruchstücke zerfallen ... " /69/

Die führenden Forscher auf dem Gebiet der Radioaktivität nahmen diesen Hinweis von Frau Noddack jedoch nicht ernst.

Nach Fermis Publikation wandten sich verschiedene Forschungsgruppen den noch offenen Fragen der Transuranforschung zu. Dem intensiven Drängen Lise Meitners gegenüber Otto Hahn im Jahre 1934 war es zu verdanken, dass auch die Abteilungen Hahn und Meitner in gewohnter Gemeinsamkeit Untersuchungen zu Transuranen aufnahmen:

„Bei den Arbeiten zu den Transuranen zogen HAHN und MEITNER für die notwendigen chemischen Analysen zunehmend Fritz STRASSMANN hinzu, einen überzeugten Nazi-Gegner, der seit 1929 Stipendiat und Assistent bei HAHN war. Die ersten Versuche wurden im Wesentlichen von MEITNER konzipiert und von STRASSMANN ausgeführt. Zwischen 1934 und 1938 erschienen aus dieser Arbeitsgruppe 15 Publikationen über Fragen der künstlichen Umwandlung des Urans durch Neutronen, wobei auf der Grundlage der FERMIschen Hypothese Transurane als Umwandlungsprodukte erwartet wurden. " /70/ Mitte des Jahres 1938 erlitt diese fruchtbare Gemeinschaftsarbeit von Meitner-Hahn-Straßmann einen schweren Schlag. Die österreichische Jüdin Lise Meitner war durch die Angliederung Österreichs im März 1938 zur Jüdin im Deutschen Reich geworden (einen deutschen Pass hat sie nie gehabt) und geriet auf Grund der Rassenpolitik des NS-Staates immer mehr in eine existentielle Bedrohung. Da ihr eine legale Ausreise verboten war, flüchtete sie am 13. Juli 1938 mit Hilfe von Freunden über Holland nach Schweden, wo die fast Sechzigjährige am Physikalischen Institut der Schwedischen Akademie der Wissenschaften

(Direktor: Karl Manne Siegbahn, Nobelpreis 1924 für Physik) ein bescheidenes Gehalt und sehr begrenzte Arbeitsmöglichkeiten erhielt. Die Trennung von ihrer Berliner Forschungsstätte war für sie in vieler Hinsicht eine Katastrophe.

Hahn und Straßmann setzten in Berlin die seit Jahren laufenden Arbeiten fort, immer der Leitlinie folgend, dass sich bei der Bestrahlung des Urans Transurane bilden, die als Ausgangssubstanzen für neue radioaktive Reihen zur Bildung von Radiumisotopen führen müssten. Ende des Jahres 1938 durchgeführte Untersuchungen zeigten jedoch, dass es sich bei den aufgefundenen ,Radiumisotopen' um Bariumisotope handelte. Am 18. Dezember 1938 waren sich Hahn und Straßmann dieses Befundes ganz sicher. Solche Isotope konnten jedoch nur durch ein Zerplatzen der Uran-Atomkerne entstanden sein. Dieser Befund war unerwartet und brachte die beiden Forscher in einen kernphysikalischen Erklärungs-notstand. Obwohl an Hahns Institut jüngere Physiker arbeiteten, die ihm bei der kernphysikalischen Interpretation höchstwahrscheinlich hätten weiterhelfen können, stellte Hahn diese Ergebnisse in seinem Institut nicht zur Diskussion, sondern wandte sich schon am 19. Dezember 1938 an Lise Meitner in Stockholm mit der Bitte, eine kernphysikalische Erklärung dieser dem bisherigen Paradigma der Kernphysik widersprechenden Ergebnisse zu finden: *„Es ist jetzt gleich 11 Uhr abends; um ¼ 12 will Straßmann wiederkommen, so dass ich nach Hause kann allmählich. Es ist nämlich etwas bei den ,Radiumisotopen', was so merkwürdig ist, dass wir es vorerst nur Dir sagen ... Aber immer mehr kommen wir zu dem schrecklichen Schluß: Unsere Ra-Isotope verhalten sich nicht wie Ra, sondern wie Ba. Wie gesagt, andere Ele[mente], Trans-Urane, U, Th, Ac, Pb, Bi, Po kommen nicht in Frage. Ich habe mit Straßmann verabredet, dass wir vorerst nur Dir dies sagen wollen. Vielleicht kannst Du irgendeine phantastische Erklärung vorschlagen, Wir wissen dabei selbst, dass es* (das Uran-A.N.) *eigentlich nicht in Ba zerplatzen kann. Jetzt kommen die Weihnachtsferien ... Wir wollen aber noch vor Institutsschluß etwas über die sog. Radiumisotope für die Naturwissenschaften schreiben. Falls Du etwas vorschlagen* *könntest, das Du publizieren könntest, dann wäre es doch noch eine Art Arbeit zu Dreien!"* /71/

Die politische Situation in Deutschland ließ es Hahn nicht angeraten erscheinen, mit der geflüchteten Jüdin Meitner weiterhin gemeinsam zu publizieren. So erschien im Heft der Zeitschrift ,Die Naturwissenschaften' schon am 6. Januar 1939 der grundlegende Artikel von Hahn und Straßmann zur Entdeckung der Kernspaltung. Allerdings ist darin von einem Zerplatzen des Urans noch nicht die Rede. Der Titel der Arbeit lautete: *„Über den Nachweis und das Verhalten der bei der Bestrahlung des Urans mittels Neutronen entstehenden Erdalkalimetalle".* Zu den aus den experimentellen Ergebnissen zu ziehenden Schlussfolgerungen äußerten sich die beiden Autoren sehr vorsichtig:

„Als Chemiker müßten wir aus den kurz dargelegten Versuchen das oben gebrachte Schema eigentlich umbenennen und statt Ra, Ac, Th die Symbole Ba, La, Ce einsetzen. Als der Physik in gewisser Weise nahestehende ,Kernchemiker' können wir uns zu diesem, allen bisherigen Erfahrungen der Kernphysik widersprechenden, Sprung noch nicht entschließen. Es könnten doch noch vielleicht eine Reihe seltsamer Zufälle unsere Ergebnisse vorgetäuscht haben."/72/

Lise Meitner diskutierte das ihr angetragene kernphysikalische Problem mit ihrem Neffen Otto Robert Frisch (1904–1979), der zu dieser Zeit als Physiker am Institut für Theoretische Physik von Niels Bohr (1885–1962, Nobelpreis 1922 für Physik) in Kopenhagen arbeitete. Mit einer gemeinsamen Publikation, die am 11. Februar in der englischen Zeitschrift ,Nature' mit der Überschrift *„Disintegration of Uranium by Neutrons: a New Type of Nuclear Reaction"* erschien, lieferten sie eine kernphysikalische Erklärung für das Zerplatzen der Uran-Atomkerne.

Wenige Wochen später (10. März 1939) untermauerten Hahn und Straßmann ihre Befunde mit einer zweiten Publikation in den ,Naturwissenschaften' mit dem Titel:

„Nachweis der Entstehung aktiver Bariumisotope aus Uran und Thorium durch Neutronenbestrahlung; Nachweis weiterer aktiver Bruchstücke bei der Uranspaltung."

In dieser Publikation weisen die Autoren auf die Verdienste Lise Meitners hin, die für ihre Ergebnisse von Bedeutung waren:

„Daß die im Vorstehenden beschriebenen, zahlreichen neuen Umwandlungsprodukte sich in verhältnismäßig kurzer Zeit mit – wie wir glauben – erheblicher Sicherheit feststellen ließen, war nur möglich durch die Erfahrung, die wir bei den früheren, in Gemeinschaft mit L. MEITNER durchgeführten systematischen Versuchen über die Transurane und die Thorumwandlungsprodukte sammeln konnten."/72/

Auch die von Meitner und Frisch gelieferte theoretische Erklärung findet in diesem Artikel Erwähnung:

„Während des Niederschreibens unserer letzten Versuche erhielten wir die Manuskripte zweier, in der ,Nature' erscheinenden Mitteilungen von LISE MEITNER und O. R. FRISCH von den Verfassern freundlichst zugesandt. (Die beiden Mitteilungen erschienen in Nature 143, 239 [1939] und Nature 143, 276 [1939]. A.N.) *MEITNER und FRISCH haben darin das Zerplatzen des Uran- und des Thoriumkerns in je zwei ungefähr gleich große Bruchstücke, z. B. Barium und Krypton, diskutiert, und die Möglichkeit eines solchen Vorgangs auf Grund des neueren Bohrschen Tröpfchenmodells der Atomkerne festgestellt. O.R. Frisch hat auch bereits einen experimentellen Beweis für das Auftreten solcher energiereicher Bruchstücke beim Bestrahlen des Urans und des Thoriums mit Neutronen erbracht."/74/*

Mit diesen Äußerungen würdigten Hahn und Straßmann sowohl den methodisch-experimentellen als auch den theoretischen Anteil Lise Meitners bei der Entdeckung der Kernspaltung des Urans. Hätte sie in Berlin bleiben können, wären aller Wahrscheinlichkeit nach gemeinsame Publikationen von Hahn, Meitner und Straßmann zur Uranspaltung entstanden.

Mit der Entdeckung der Kernspaltung schwerer Atome war eine nobelpreiswürdige wissenschaftliche Leistung erbracht und die Nobelkomitees für Physik und Chemie in Stockholm standen vor der Aufgabe, der Schwedischen Akademie der Wissenschaften auf der Basis von Nominierungen Kandidaten für Nobelpreise auf diesem Gebiet vorzuschlagen.

Theodor Svedberg nominierte schon 1939 Otto Hahn und Lise Meitner für den Chemie-Nobelpreis dieses Jahres. Es folgten Nominierungen im Jahre 1940 durch Arthur Compton (1892–1962, Nobelpreis für Physik 1927) und im Jahre 1941 durch James Franck (1882–1964, Nobelpreis für Physik 1925) für einen gemeinsamen Physik-Nobelpreis. Die beiden zuständigen Nobelkomitees folgten diesen Nominierungen nicht. Von Seiten des Nobelkomitees für Physik betrachtete man die Entdeckung der Kernspaltung als eine chemische Entdeckung und sah deshalb keine Veranlassung, einen Physik-Nobelpreis an diese beiden Forscher zu vergeben. Und das Nobelkomitee für Chemie kam mehrheitlich zu dem Schluss, der Akademie nur Otto Hahn für einen Chemie-Nobelpreis zu empfehlen. Für Hahn, der im Herbst 1943 die Schwedische Akademie der Wissenschaften besucht hatte und dort auch über seine Forschungsergebnisse berichtet hatte, gab es 1944 Anzeichen dafür, dass die Akademie beabsichtigte, ihn noch in diesem Jahr auszuzeichnen. Auf Grund der Ereignisse um Butenandt, Kuhn und Domagk war Otto Hahn an einer Auszeichnung zu Hitlers Zeiten nicht interessiert. Sein Freund Max von Laue schrieb am 10. November 1944 nach Stockholm an Lise Meitner:

„Wir hatten mit Hahn's, wie üblich allerlei zu besprechen. Er befürchtete z.B. auf Grund gewisser Anzeichen, die schwedischen Kollegen könnten jetzt im November einen neuen Fall Butenandt schaffen, was uns Allen nicht gerade erwünscht wäre."/75/

Im Juni 1945 war folgender Stand bei der Entscheidungsfindung erreicht: Das Nobelkomitee für Chemie schlug der Schwedischen Akademie vor, den für 1944 zurückgehaltenen Chemie-Nobelpreis an Otto Hahn und den Chemie-Nobelpreis für 1945 an den finnischen Chemiker A.I. Virtanen zu geben. Im September 1945 kam das Nobelkomitee für Chemie allerdings zu einer anderen Auffassung. Die Empfehlung lautete jetzt: Vergabe des zurückgehaltenen Preises für 1944 an A.I. Virtanen, Zurückhalten des Preises für 1945. Ein Kandidat für 1945 wurde nicht genannt. Was war geschehen? Der Abwurf von Atombomben auf Hiroshima und Nagasaki im August 1945 hatte schlagartig sichtbar gemacht, dass auf den Gebieten Kernphysik und Kernchemie in den

USA bedeutende Entwicklungen abgelaufen waren, die wahrscheinlich grundlegende, nobelpreiswürdige Leistungen implizierten. Es war zu erwarten, dass nach den Jahren strenger Geheimhaltung Auszeichnungsvorschläge für Persönlichkeiten gemacht werden würden, deren Leistungen man noch gar nicht kannte. Das Nobelkomitee für Chemie empfahl der Akademie, weitere Informationen abzuwarten, um danach auch die mit Otto Hahn verbundene Leistung besser in die abgelaufene Entwicklung einordnen zu können. Aber es kam anders. Die Versammlung der Mitglieder der Königlich-Schwedischen Akademie der Wissenschaften, die letztendlich über die Vergabe von Nobelpreisen für Chemie bzw. Physik entscheidet, beschloss im November 1945, den Chemie-Nobelpreis 1944 an Otto Hahn, und nur an Otto Hahn für die ‚Entdeckung der Kernspaltung schwerer Atome' zu vergeben. Den Chemie-Nobelpreis 1945 bekam A.I. Virtanen zugesprochen.

Was Hahn betrifft, so trug das Akademiemitglied Göran Liljestrand von der Sektion Medizin wesentlich zu dieser Entscheidung bei. Er argumentierte, dass es gerade jetzt notwendig sei, Otto Hahn auszuzeichnen, ansonsten würde der Eindruck entstehen, dass die Akademie in ihren Entscheidungen von den USA abhängig sei. Mit knapper Mehrheit folgten die Akademiemitglieder diesem Antrag. Diese Entscheidung der Akademie, nur Otto Hahn auszuzeichnen und nicht auch Lise Meitner und Fritz Straßmann, führte zu Enttäuschungen auf der Seite der Nichtausgezeichneten und zu psychischer Belastung des Ausgezeichneten. Als Fritz Straßmann 1976 von der Staatskanzlei des Landes Rheinland-Pfalz gefragt wurde, ob er den ‚Verdienstorden der Bundesrepublik Deutschland' annehmen würde, lehnte er ab. In seiner Begründung, in der er auch auf die Nobelpreisvergabe an Otto Hahn zu sprechen kam, stellte er selbstbewusst fest:

„Wenn der Nobelpreis 1944 im Jahre 1946 von Otto Hahn unter der Bedingung angenommen worden wäre, daß er gleichzeitig an Lise Meitner und mich vergeben würde – ich hätte nicht abgelehnt. "/76/ Solche Bedingungen konnte Otto Hahn natürlich nicht stellen, weil Kandidaten prinzipiell nicht

in die Entscheidungsprozesse zur eigenen Person einbezogen werden.

Warum wurde Fritz Straßmann nicht gemeinsam mit Otto Hahn ausgezeichnet? Offensichtlich war man sich im Nobelkomitee über dessen hohen Anteil an der Entdeckung nicht bewusst. Ruth Lewin Sime führt als möglichen Grund an:

„Die Nobelpreise werden traditionell eher älteren Wissenschaftlern verliehen, und es scheint, als habe das Nobelkomitee Straßmann irrtümlicherweise für einen sehr jungen Mitarbeiter Hahns gehalten, der erst kurz vor der Entdeckung des Bariums zur Uranuntersuchung dazustieß."/77/

Der promovierte Chemiker Straßmann war jedoch schon 1929 als Stipendiat an das Hahnsche Institut gekommen. In seinem tabellarischen Lebenslauf heißt es dazu:

„1929 ab 1. Juli Stipendium der Notgemeinschaft der Deutschen Wissenschaft am Kaiser-Wilhelm-Institut für Chemie, Berlin-Dahlem, bei Prof. Otto Hahn und Prof. Lise Meitner, monatlich nur RM 180. –, aber erweiterte Ausbildung! Nach der Unterweisung im Arbeiten mit radioaktiven Substanzen und nachfolgenden Aufgaben hat Prof. Hahn das Stipendium zweimal verlängern lassen. Ende: 1.10.1932. Ich durfte aber im Institut weiterarbeiten. Ohne die bisherige Monatssumme lebte ich von Prüfungsvorbereitungen für Studenten.

1934 erhielt ich ein sehr günstiges Angebot der Deutschen Solvay A.G. ... Die Verbindung kam nicht zustande, weil ich den Eintritt in eine NS-Organisation ablehnte. Hahn hatte Verständnis und versuchte nicht, mich umzustimmen. Nach Überlegungen von Lise Meitner erhielt ich dann monatlich RM 50. – aus einem privaten Verfügungsfond von O. Hahn. Ab Ende Herbst Hinzuziehung zu den von Lise Meitner angeregten Arbeiten zur Aufklärung der ‚Transurane'.

1935 ab 1. Januar Anstellung mit Gehalt als Assistent."/78/

In der Zeit von 1935–1939 weist das Schriftenverzeichnis von Straßmann 18 Publikationen auf. In 15 Fällen davon handelt es sich um Publikationen, in denen er als Co-Autor von Hahn bzw. Hahn /Meitner ausgewiesen wird. Er war als analytischer Chemiker wesentlich beteiligt an der ‚chemischen Entdeckung' der Kernspaltung. 1978 hat Straßmann über die Auszeichnung von Einzelpersonen mit dem Nobelpreis kritisch reflektiert:

„Je älter ich werde, umso mehr frage ich mich, wer von den Nobelpreisträgern der Naturwissenschaft im 20. Jahrhundert hat den Preis wirklich noch allein verdient? Fast jeder Preisträger ist Professor, hat Assistenten, wissenschaftliche und andere .namenlose' Mitarbeiter. Selten, dass einer allein den Fortschritt erbringt."/79/

Otto Hahn versuchte die Enttäuschung bei Straßmann über die Nichteinbeziehung in den Chemie-Nobelpreis zu lindern, indem er ihn in der Nachkriegszeit für verschiedene Ehrungen vorschlug. Sein wiederholter Vorschlag, Fritz Straßmann allein mit dem Enrico Fermi-Preis auszuzeichnen, erfuhr 1966 seine Umsetzung in modifizierter Form. Die den Preis vergebende USA-Atomenergiebehörde verlieh den Preis (50.000 Dollar) zu gleichen Teilen an Otto Hahn, Lise Meitner und Fritz Straßmann. So kam es 28 Jahre nach der Entdeckung der Kernspaltung doch noch zu einer gemeinsamen Ehrung des Dreigestirns und Fritz Straßmann nahm diese Ehrung gerne an:

„Als der Enrico-Fermi-Preis 1966 uns dreien gemeinsam verliehen wurde, habe ich mich gefreut und angenommen."/80/

Groß war die Enttäuschung vieler Physiker im Herbst 1945 darüber, dass nicht parallel zum Chemie-Nobelpreis 1944 auch ein Nobelpreis für Physik für die Forschungsergebnisse zur Kernspaltung vergeben wurde. Ideal, und alle Seiten zufrieden stellend wäre es gewesen, wenn Hahn und Straßmann einen Chemie-Nobelpreis, Meitner und Frisch einen Physik-Nobelpreis erhalten hätten.

Als die Schwedische Akademie der Wissenschaften am 15. November 1945 dem Direktor des KWI für Chemie, Otto Hahn, den Chemie-Nobelpreis rückwirkend für das Jahr 1944 zuerkennt, ist ihr der geheime Aufenthaltsort dieses Preisträgers nicht bekannt. Hahn ist seit dem 27. April 1945 in geheimgehaltener alliierter Haft und befindet sich zu dieser Zeit in Großbritannien, im Landhaus ‚Farmhall' in Godmanchester bei Cambridge, zusammen mit neun anderen deutschen Atomwissenschaftlern. Aber die offizielle Nachricht der Königlichen Akademie erreicht ihn und schon am 4. Dezember 1945 kann er der Akademie – ohne seinen wirklichen Aufenthaltsort bekannt geben zu dürfen – mitteilen, dass er den Preis gerne annimmt, aber zur Feier am 10. Dezember 1945 leider nicht nach Stockholm kommen kann. Carl Friedrich von Weizsäcker, einer der Mitinhaftierten, charakterisierte diese Situation mit einem Limerick /81/, den er am Silvesterabend 1945 in Farmhall vortrug:

> *„Es war ein Kollegium in Schweden,*
> *Das verlieh seinen Preis nicht an jeden.*
> *Doch kriegt man ihn mal.*
> *So ist's auch noch fatal,*
> *Denn man kommt nicht von Farmhall nach Schweden."*

Für die Schwedische Akademie der Wissenschaften entstand die Frage, ob der Preisträger Hahn bis zur festgelegten Frist, dem 1. Oktober 1946, seinen Preisgeld-Scheck wird abholen können. Obwohl Hahn am 3. Januar 1946 aus der Haft entlassen wird, am 11. September 1946 sogar Präsident der in der Britischen Besatzungszone gegründeten Max-Planck-Gesellschaft (Nachfolgegesellschaft der Kaiser Wilhelm-Gesellschaft) wird, bleibt es wegen der Reisebeschränkungen für Deutsche fraglich, ob und wann Hahn nach Stockholm reisen kann. Die Akademie schafft aber eine Extra-Regelung für Hahn. In einem Brief an Hahn vom 13.9.1946 heißt es:

„Da es offenbar sehr unsicher ist, ob es Ihnen möglich sein wird vor dem 1. Oktober in Stockholm einzutreffen, hat die Akademie jetzt bei der Regierung um Erlaubnis für Sie gesucht auch nach diesem Tag den Nobelpreis zu heben. Dieser Dispens von den Statuten der Nobelstiftung wird, wie ich heute erfahren habe, sicher zugegeben. Unter solchen Umständen, dürfte es wohl das beste sein dass Sie Ihren Preis den 10. Dezember zusammen mit den diesjährigen Nobelpreisgewinnern empfangen. Es wird dadurch viel feierlicher als wenn Sie den Preis bei einer Sitzung unserer Akademie bekämen."/82/

Otto Hahn konnte mit seiner Frau Edith 1946 in Begleitung eines englischen Offiziers – Dr. Frazer – nach Stockholm reisen. So geschah es, dass der im Jahre 1945 rückwirkend für das Jahr 1944 vergebene Chemie-Nobelpreis erst am 10. Dezember 1946 an Otto Hahn durch den schwedischen König überreicht werden konnte. Die genannte Ausnahmeregelung ermöglichte es, dass dieser deutsche Nobelpreisträger im Vergleich zu seinen Kollegen Butenandt, Kuhn und Domagk nicht nur in den Genuss der Insignien, sondern auch des Geldbetrages kam.

Als quälendes Problem blieb jedoch bestehen, dass Lise Meitner, Fritz Straßmann und Otto Robert Frisch nicht mit einem Nobelpreis ausgezeichnet worden waren. Nach der im Herbst 1945 getroffenen Entscheidung der Akademie erhielt Lise Meitner manchen Brief, in dem ihr das Bedauern über die eingetretene Situation ausgesprochen wurde. In einem ihrer Antwortbriefe stellte Sie fest:

„Hahn hat sicher den Nobelpreis für Chemie voll verdient, da ist wirklich kein Zweifel. Aber ich glaube, dass Frisch und ich etwas nicht Unwesentliches zur Aufklärung des Uranspaltungsprozesses beigetragen haben – wie er zustande kommt und dass er mit einer so großen Energieentwicklung verbunden ist, lag Hahn ganz fern. Darum fand ich es ein bisschen ungerecht, dass ich in den Zeitungen als Mitarbeiterin von Hahn im gleichen Sinn wie Strassmann genannt worden bin." /83/

Der Kampf um einen Physik-Nobelpreis für Lise Meitner bzw. Lise Meitner und O.R. Frisch fand in den ersten Nachkriegsjahren seine Fortsetzung. So wurden entsprechende Nominierungen von Oskar Klein, Niels Bohr, Max von Laue, James Franck, Egil Hylleraas und auch von Otto Hahn der Schwedischen Akademie vorgeschlagen. Aber es waren alles vergebliche Bemühungen. R.M. Friedman /84/ sieht in Karl Manne Siegbahn, dem Direktor des Physikalischen Instituts der Akademie der Wissenschaften und Mitglied des Nobelkomitees für Physik die treibende und entscheidende Kraft, die die Vergabe eines Physik-Nobelpreises an Meitner verhinderte. Siegbahn kämpfte deswegen gegen einen Preis für Meitner, weil er eine Aufwertung Meitners durch einen Nobelpreis abwehren wollte. Nach dem Abwurf der Atombomben im Jahre 1945 stieg das Interesse an der Entwicklung der Nuklearforschung in Schweden stark an und verschiedene Forscherpersönlichkeiten und Forschergruppen entwickelten Pläne, diese Forschung nicht nur Siegbahn zu überlassen, sondern an verschiedenen Institutionen im Land aufzubauen. Es gab Bestrebungen, Lise Meitner mit ihrer hohen

Sachkenntnis und internationalen Reputation von ihrem bisherigen, sich schäbig verhalten habenden Gastgeber Siegbahn abzuziehen. Eine Nobelpreisträgerin Meitner hätte mit ihren erhöhten Einflussmöglichkeiten auf die Nuklearforschung die Monopolstellung Siegbahns auf diesem Gebiet gemindert. Auch dachten diese Gruppierungen daran, Otto Frisch als Leiter einer neu aufzubauenden Nuklear-Forschungseinrichtung zu gewinnen. Solchen Bestrebungen wirkte Siegbahn erfolgreich entgegen. Friedmann kommt zu folgender Bewertung des Meitnerschen Schicksals: „... *her fate as a researcher was first crushed by Nazi hatred and then sealed by Swedish scientific leadership's insensitivity and self interest."/85/* Die einseitige Nobel-Preisvergabe im Jahre 1946 führte zur Belastung des freundschaftlichen Verhältnisses von Hahn und Meitner. Sich erinnernd an eine Unterhaltung mit Lise Meitner anlässlich seines Aufenthaltes in Stockholm zur Nobelpreisverleihung im Jahre 1946 schrieb Hahn:„ ...*eine recht unglückliche Unterhaltung mit Lise Meitner, die meinte, ich hätte sie damals nicht aus Deutschland fortschicken dürfen. Dieser Missklang war wohl auf eine gewisse Enttäuschung zurückzuführen, dass ich den Preis allein bekommen hatte. Darüber habe ich mit Lise Meitner zwar nicht gesprochen, wohl aber gaben es mir einige ihrer Bekannten auf eine wenig freundliche Weise zu verstehen...* /86/

So glücklich Otto Hahn über seinen Einzel-Nobelpreis war, so belastend war es andererseits für ihn, dass die unglückliche Auszeichnungspolitik der Schwedischen Akademie der Wissenschaften gegenüber Lise Meitner, Fritz Strassmann und Otto Robert Frisch immer wieder im Zusammenhang mit seinem Nobelpreis diskutiert wurde.

Herr Pasternak hat aus gegebenen Gründen den Preis ausschlagen zu müssen geglaubt

Im Jahre 1958 wurden vier Bürger der Sowjetunion mit einem Nobelpreis ausgezeichnet. Es handelte sich einerseits um die drei Physiker I.M. Frank, I.J. Tamm und P.A. Tscherenkow, die für die Entdeckung und Erklärung des Tscherenkow-Effekts gemeinsam mit dem Physik-Nobelpreis durch die ‚Königliche Schwedische Akademie der Wissenschaften' ausgezeichnet wurden. Diese Entscheidung wurde von sowjetischer Seite dahingehend interpretiert, *„ dass auch die westliche Welt den wissenschaftlichen Fortschritt in der Sowjet-Union nicht übersehen kann."/87/* Außerdem wurde dem russischen Schriftsteller Boris Pasternak der Nobelpreis für Literatur *„für seine beachtlichen Beiträge zur zeitgenössischen Poesie wie für seine Leistungen auf dem Gebiet der großen russischen Erzähltradition"* durch die ‚Schwedische Akademie' zugesprochen./88/ Diese Akademie ist nur für die Vergabe der Literaturnobelpreise zuständig. Ihre Entscheidungen zur Vergabe dieser Preise, die oft stark umstritten sind, werden von insgesamt 14 Juroren getroffen. Die Entscheidung zu Pasternak kam für die Sowjetunion überraschend, hatten die offiziellen Literaturkreise der Sowjetunion doch eher auf eine Auszeichnung des weltweit wesentlich bekannteren und regimekonformen Schriftstellers Michail Scholochows gehofft. Pasternak stand von sowjetischer Seite wegen seines im Ausland publizierten und als regimeschädigend eingeschätzten Romans *‚Dr. Schiwago'* unter starker Kritik. Trotz dieser Situation gab es auch in der internationalen Presse Stimmen, die die Entscheidung der ‚Schwedischen Akademie' als zu sehr vom kalten Krieg beeinflusst sahen. Ging es hier nicht vordergründig darum, die Sowjetunion politisch anzugreifen? Hatte man nicht schon 1933 durch die Auszeichnung des seit 1918 in Frankreich lebenden russischen Schriftstellers Iwan Bunins mit einem Literatur-Nobelpreis den großen und weltweit erfolgreicheren Schriftsteller Maxim Gorki übergangen?

Die schwedische Entscheidung in Bezug auf Pasternak führte in der sowjetischen Presse sowohl zu Angriffen gegen die Nobelstiftung als auch gegen Pasternak. Die Zeitung ‚Prawda' berief sich bei der Erklärung der unterschiedlichen Reaktionen der Sowjetunion auf den Physik- bzw. Literatur-Nobelpreis auf Lenin:

„In diesem Zusammenhang muß die Feststellung Lenins ins Gedächtnis gerufen werden, dass bürgerliche Wissenschaftler (hier waren vor allem die Mitglieder des zuständigen Nobel-Komitees gemeint, A.N.), *möglicherweise objektiv auf allen erdenklichen Gebieten, in der Beurteilung sozialer Phänomene einschließlich der Erzeugnisse der Literatur völlig dem Einfluß der Ideologie der herrschenden Klasse verfallen."* /89/

Im Ergebnis der gegen ihn besonders von Seiten des sowjetischen Schriftstellerverbands geführten Hexenjagd wurde Pasternak von den führenden Partei- und Regierungsorganen vor die Wahl gestellt, entweder ausgewiesen zu werden oder bei Ablehnung des Preises in seiner russischen Heimat bleiben zu dürfen. Kjell Strömberg hat den Ausgang dieser Entscheidungssituation so beschrieben:

„Der unglückselige, als Volksfeind, als Schwein, das den eigenen Stall beschmutze, als Verräter beschimpfte Dichter, der sein Land für die 30 Silberlinge des Judas Ischarioth verkauft habe, hätte also ohne weiteres emigrieren und im Genuß der aus dem Erlös seiner Bücher und vor allem des »Doktor Schiwago« ihm zufließenden Honorare in Ruhe und Frieden leben können, denn diese Einnahmen betrugen bereits ein Vielfaches der ihm mit dem Preis zufließenden Summe. Von allen Seiten mit Schmutz beworfen, zog er es jedoch vor, sich unter die Wucht des Sturmes zu ducken und auf den Preis zu verzichten, nachdem er der Schwedischen Akademie seinen tiefempfundenen Dank ausgesprochen hatte. Mit einem demütigen, an den damals neuen Herrscher /Nikita Chrustschow, A.N./ *aller Reußen gerichteten persönlichen Brief erflehte er als eine fast unverdiente Gnade die Erlaubnis, in seinem Lande bleiben und sterben zu dürfen; er glaube dessen Sache nach bestem Wissen und Können immer gedient zu haben, und er wolle das auch in Zukunft so halten. In der Fremde leben zu müssen, bedeute für ihn soviel, wie lebend begraben zu sein."* /90/

Seinen Verzicht auf den Nobelpreis teilte Pasternak der Schwedischen Akademie in folgenden Worten mit:

„Mit Rücksicht auf den Sinn, der dieser Auszeichnung in der Gesellschaft, der ich angehöre, gegeben wird, muß ich den mir zugedachten unverdienten Preis ausschlagen. Sehen Sie in dieser freiwilligen Zurückweisung keine unfreundliche Achtungslosigkeit." /91/ Das Jahrbuch der Nobelstiftung für die Preisträger des Jahres 1958 teilte bezogen auf Boris Pasternak ohne Kommentar mit: *„Herr Pasternak hat aus gegebenen Gründen den Preis ausschlagen zu müssen geglaubt."* /92 /

Pasternak selbst hat die für ihn mit dieser Entscheidung verbundene Tragik kurz vor seinem Tode in seinem Gedicht ‚Nobelpreis' /93/ reflektiert, in dem es unter anderem heißt:

„Bin am End: ein Tier im Netze.
Fern gibt's Menschen, Freiheit, Licht.
Hinter mir der Lärm der Hetze,
Und nach draußen kann ich nicht.

Doch auch so, schon nah am Sarge,
Glaub ich, eine Zukunft winkt.
Wo die Macht des Tückisch-Argen
Vor dem Geist des Guten sinkt."

Kopf oder Zahl: Jean-Paul Sartre lehnt den Literatur-Nobelpreis 1964 ab

„In Wahrheit möchte jeder Schriftsteller dieses Erde genannten Planeten irgendwann den Nobelpreis erhalten, einschließlich derer, die es nicht zugeben, und derer, die es abstreiten." /94/

Pablo Neruda
Nobelpreisträger für Literatur 1971

Im Herbst des Jahres 1964 kursieren Gerüchte, dass die für die Vergabe von Literatur-Nobelpreisen zuständige ‚Schwedische Akademie' beabsichtige, den französischen Philosophen und Schriftsteller Jean Paul Sartre (1905–1980) mit einem solchem Preis auszuzeichnen. Sartres Ende 1963 erschienenes autobiographisches Buch *Les mots* wird in der Presse durchgängig hoch gelobt und ist oft auch Anlass, darauf hinzuweisen, dass die Zeit für eine Auszeichnung Sartres mit einem Literatur-Nobelpreis gekommen sei. Der italienische Philosoph Enzo Paci, der den italienischen Marxisten nahe steht und der in Mailand die Zeitschrift *Aut Aut* leitet, bittet Sartre im Voraus schon darum, dessen zu erwartende Nobelpreis-Rede publizieren zu dürfen, sollte dieser den Preis zugesprochen bekommen. Aber noch gibt es keine sichere Information aus Schweden. Sartre kommt ins Nachdenken über die Frage, wie er sich im Fall des Falles verhalten sollte. Noch bevor die Entscheidung in Schweden fällt, konsultiert er sich mit Freunden. Ablehnung oder Annahme, das ist für ihn die Frage. Privat gesehen käme ihm ein Nobelpreis sehr gelegen. Sartre ist dafür bekannt, dass er bei einem eintretenden Geldsegen mittellose Geliebte, Freunde und Bekannte großzügig unterstützt. Er könnte beispielsweise seine Schuldgefühle gegenüber seiner langjährigen Geliebten Wanda Kosakiewicz, die er nicht geheiratet hat, dadurch abbauen, dass er ihr eine Wohnung kauft.

Mitarbeiter der Zeitschrift *Temps modernes*, die Sartre mitbegründet hat und in der er publiziert, raten ihm, im Fall des Falles, einen solchen Preis anzunehmen. Es würde natürlich das Prestige und die Vermarktbarkeit der Zeitschrift erhöhen, wenn Sartre künftig als Nobelpreisträger firmieren könnte. Zur Ablehnung eines solchen Preises raten allerdings Sartres Lebensgefährtin Simone de Beauvoir und seine ihm besonders am Herzen liegenden jungen Anhänger aus dem linken politischen Lager. Als Argumente gegen die Annahme eines solchen Preises werden von dieser Seite ins Feld geführt, dass es sich bei dieser Art Nobelpreis um einen bourgeoisen Preis handele und deshalb mit den politischen Anschauungen eines Sartre nicht vereinbar sei. Man befürchtet eine Vereinnahmung Sartres durch die großbürgerliche Welt. Man weist ihn auch daraufhin, dass Boris Pasternak 1958 wohl auch deswegen ausgezeichnet worden sei, um die UdSSR in Verlegenheit zu bringen. Sartre empfindet die Entscheidungssituation als zwiespältig und ist in dieser Zeit manchmal versucht, seine eventuell einzunehmende Haltung gegenüber einer Auszeichnung mit dem Nobelpreis nach der Methode Kopf oder Zahl zu entscheiden. Sartre, der sich in dieser Zeit politisch stark für revolutionäre Bewegungen in der Dritten Welt und für den Dialog der Kulturen von Ost und West einsetzt, sieht auch Verwendungsmöglichkeiten des Preisgeldes zur Unterstützung solcher Bewegungen. Er folgt jedoch letztendlich den Vorstellungen seiner jungen politischen Anhänger, die für die Ablehnung des Preises sind.

Als am 14. Oktober 1964 die Zeitung *Le Figaro* meldet, Sartre sei als Kandidat für den Literatur-Nobelpreis nominiert, schreibt er am gleichen Tag an die Schwedische Akademie und teilt ihr mit, dass er weder jetzt noch später mit einem solchen Preis ausgezeichnet werden möchte. Obwohl die Akademie ihm telegrafisch mitteilt, dass eine offizielle Nominierung noch nicht erfolgt sei, fällt die Entscheidung für Sartre wenige Tage später. Er erhält den Preis für sein Werk zugesprochen, dessen freiheitlicher Geist und die sich darin findende Suche nach Wahrheit einen weit reichenden Einfluss auf unsere Zeit hatte und hat.

Sartre fühlt sich erneut zu einer ablehnenden Stellungnahme veranlasst, die am 24. Oktober 1964 sowohl in der schwedischen Zeitung *Dagens Nyeter* als auch in der französischen Zeitung *Le Monde* erscheint. In Le Monde lautet der französische Titel: *„L'écrivain doit refuser de se laisser transformer en institution"*.

Als Hauptgrund seiner Ablehnung hebt er hervor, dass er sich durch eine solche Preisverleihung nicht zu einer Institution machen lassen möchte. Dieses Argument hat seine Schwächen, da Sartre um diese Zeit schon eine weltbekannte französische ‚Institution' ist. Er verweist auch darauf, dass er schon früher hohe Auszeichnungen, wie z. B. die Aufnahme in die Ehrenlegion, abgelehnt hat. Er betont, dass „... *der Nobelpreis sich objektiv als eine Auszeichnung darstellt, die für Schriftsteller des Westens oder für die Rebellen des Ostens reserviert ist"*. /95/ (Übersetzt A.N.). Er bedauert, dass Pablo Neruda und Michail Scholochow noch nicht ausgezeichnet wurden, während Pasternak den Preis schon zugesprochen bekommen habe.

Im Interesse der friedlichen Koexistenz der Kulturen des Ostens und des Westens würde er auch einen Lenin-Preis ablehnen. In einem Interview, das Sartre einen Monat später gibt und das vor allem an seine jungen Anhänger gerichtet ist, stellt er fest: *„Warum habe ich den Preis abgelehnt? Weil ich der Ansicht bin, dass er seit einer gewissen Zeit eine politische Farbe hat."/96/* (Übersetzt A.N.)

Der Friedensnobelpreis 1973 für Le Duc Tho und Henry Kissinger

„Nobel's Peace Prize is the highest honour, but at the same time the one that imposes the greatest obligations, that can be bestowed on any man bearing political responsibility."/97/

Willy Brandt
Friedensnobelpreisträger 1971

Im Jahre 1973 wurden der damalige amerikanische Außenminister Henry Kissinger und das Poltbüro-Mitglied der Kommunistischen Partei Nordvietnams Le Duc Tho gemeinsam mit dem Friedensnobelpreis ausgezeichnet. Die Auszeichnung wurde den beiden Politikern „für ihre Bemühungen um die offizielle Beendigung des Vietnamkrieges" verliehen.

Le Duc Tho lehnte die Auszeichnung sofort ab. Er begründete diese Ablehnung damit, dass die USA die am 27. Januar 1973 in Paris unterzeichnete *„Vereinbarung über die Beendigung des Kriegs und die Wiederherstellung des Friedens in Vietnam"* nicht eingehalten hätten und damit, dass der Friede in Südvietnam noch nicht erreicht sei.

Henry Kissinger nahm dagegen die Auszeichnung an. Er begab sich allerdings nicht selbst zur Auszeichnungszeremonie nach Oslo, sondern beauftragte den amerikanischen Botschafter in Norwegen, sich den Preis aushändigen zu lassen. Sein Preisgeld stellte er dem New York Community Trust für die Vergabe von Stipendien an Schüler zur Verfügung, deren Väter in Vietnam gefallen waren.

Die Vergabe des Friedensnobelpreis 1973 war sehr umstritten. Schon das für die Vorschläge zuständige Komitee des norwegischen Parlaments war so entzweit, dass zwei der fünf Mitglieder nach der getroffenen Entscheidung aus Protest zurücktraten. In den USA protestierten u. a. führende Gelehrte von der Harvard University (Cambridge, Mass.) und dem Massachusetts Institute of Technology (Cambridge, Mass.) gegen die Verleihung an Kissinger und betonten, dass die

Zuerkennung des Preises „*mehr (ist), als ein Mensch mit normalem Gerechtigkeitsverständnis ertragen kann."/98/*

Diese Kritik resultierte aus der Tatsache, dass der ‚Friedensnobelpreisträger' Kissinger moralisch stark belastet war, da er als Sicherheitsberater des amerikanischen Präsidenten Richard Nixon unter anderem in die Entscheidungen zur geheimgehaltenen Invasion Kambodschas durch US-amerikanische und südvietnamesische Truppen im Jahre 1970 und zu den so genannten Weihnachts-bombardierungen der nordvietnamesischen Hauptstadt Hanoi im Dezember 1972 verstrickt war.

Nach dem Fall von Saigon am 30. April im Jahre 1975 sandte Kissinger noch am gleichen Tag die Insignien seines Nobelpreises, Diplom und Medaille, an das zuständige Nobelpreiskomitee in Oslo zurück und versuchte außerdem, auch das Preisgeld zurückzusenden. Dieser Versuch misslang, da die Nobelstiftung die Rücknahme des Preisgeldes verweigerte. Die Gründe für Kissingers Zurückweisung des Nobelpreises lagen darin, dass das kommunistische Nordvietnam gemeinsam mit der Nationalen Befreiungsfront von Südvietnam (Vietkong) den im Waffenstillstands-abkommen von 1973 fixierten Status quo aufgehoben und die angestrebte Wiedervereinigung der beiden Vietnams militärisch durchgesetzt hatte. Die erfolgreiche Rückgabe der Insignien und die erfolglos versuchte Rücksendung des Preisgeldes seines Friedensnobelpreises waren bei Henry Kissinger wohl nicht nur ein Ausdruck des Protestes gegen das Vorgehen Nordvietnams, sondern auch ein Ausdruck der Enttäuschung über die eingetretene Niederlage der Vietnam-Politik der USA. Mit der Erreichung des Friedens in ganz Vietnam trat die Situation ein, dass beide ausgezeichnete Persönlichkeiten, die so intensiv an einer Beendigung des Vietnam- Krieges gearbeitet hatten, auf ihren Friedensnobel-preis verzichtet hatten. Da die Nobelstiftung eine einmal ausgesprochene Zuerkennung eines Nobelpreises niemals zurücknimmt, werden gewürdigte Persönlichkeiten – unabhän-gig von Zurückweisungen ihrer Preise – weiter in den Listen der Nobelpreisträger geführt. Einmal Nobelpreisträger – immer Nobelpreisträger.

Kurzbiographien

Unter dem Stichwort ,**Literatur**' werden am Ende der Kurzbiographien Hinweise auf größere biographische Artikel bzw. Biographien und auf Publikationen gegeben, die sich auf die behandelte Nobelpreisproblematik beziehen.

Abkürzungen

KWI   = Kaiser Wilhelm-Institut
KWG   = Kaiser Wilhelm-Gesellschaft zur
                     Förderung der Wissenschaften e.V.

In der Literatur variieren die Schreibweisen der beiden Begriffe. Häufig wird auch zwischen Kaiser und Wilhelm ein Bindestrich gesetzt: Kaiser-Wilhelm- Institut.

MPG   = Max-Planck-Gesellschaft zur Förde-
                     rung der Wissenschaften e.V.
MPI   = Max-Planck-Institut
TH   = Technische Hochschule
a.o. Professor   = außerordentlicher Professor
o. Professor   = ordentlicher Professor
apl. Professor   = außerplanmäßiger Professor
o. Honorarprofessor = ordentlicher Honorarprofessor

Butenandt, Adolf (1903–1995)

Der deutsche Biochemiker hat mit seinen Mitarbeitern auf folgenden Gebieten der Biochemie herausragende Forschungsergebnisse erzielt: Isolierung, Strukturaufklärung und Synthese von Sexualhormonen, von Insektenhormonen, von Pheromonen (=Sexuallockstoffe von Insekten) und von Ommochromonen (=Augenfarbstoffe von Insekten). Weitere Arbeitsschwerpunkte waren die Erforschung von Zusammenhängen zwischen Genen und Enzymen sowie die Strukturaufklärung von Viren. Butenandts Leistungen als Forscher, Lehrer und Wissenschaftsorganisator wurden durch zahlreiche Ehrendoktorate, Mitgliedschaften in Akademien sowie durch die Verleihung von Orden und Medaillen gewürdigt.

1903	Geboren am 24. März in Lehe (ehemals zur preußischen Provinz Hannover, heute zur Stadt Bremerhaven gehörend).
1921	Beginnt Chemiestudium in Marburg, studiert zusätzlich Biologie.
1924	Fortsetzung des Chemiestudiums in Göttingen.
1927	Promotion. Beginn der Forschungskooperation mit der Schering-Kahlbaum AG in Berlin auf dem Gebiet der Sexualhormone.
1929	Gemeinsam mit Erika von Ziegner Reindarstellung des weiblichen Follikelhormons (=Oestron=Estron). In der Folgezeit entscheidende Beiträge zur Strukturaufklärung dieser Verbindung.
1931	Habilitation. Butenandt übernimmt die Leitung der organischen und biochemischen Abteilung des Allgemeinen Chemischen Universitätslaboratoriums in Göttingen. Heirat mit Erika von Ziegner. Isolierung von Androsteron, einem Derivat des männlichen Sexualhormons Testosteron.
1932	Strukturaufklärung des Androsterons.

1933	Berufung zum o. Professor für Organische Chemie an die Technische Hochschule in Danzig.
1936	Wird am 1.Mai Mitglied der NSDAP.
1936	1. Mai: Berufung zum Direktor des Kaiser Wilhelm-Instituts für Experimentelle Therapie und Biochemie in Berlin-Dahlem, das bald nur noch KWI für Biochemie heißt. Er wird dadurch Nachfolger des schon 1934 aus dem Amt gedrängten deutsch-jüdischen Biochemikers Carl Neuberg.
1939	Erhält gemeinsam mit Leopold Ružička (Schweiz) den Chemie-Nobelpreis des Jahres 1939 zugesprochen. Butenandt lehnt unter Zwang des NS-Regimes den Preis ab.

In der zweiten Hälfte der dreißiger Jahre: Aufnahme von Untersuchungen über Duftstoffe/Sexuallockstoffe von Insekten. Wesentliches Ergebnis: Isolierung, Strukturaufklärung und Synthese des Sexuallockstoffes des Seidenspinners, der den Namen Bombykol erhält. Weitere Forschungsschwerpunkte: Augenfarbstoffe (Ommochromone) von Insekten; Verpuppungshormon des Seidenspinners; Viren. Gegen Ende des II. Weltkriegs wird das Institut nach Tübingen verlagert.

1945	Berufung zum Ordinarius für Physiologische Chemie an die Universität Tübingen.
1949	Nach Umwandlung der Kaiser Wilhelm-Gesellschaft zur Förderung der Wissenschaften e.V. in die Max-Planck-Gesellschaft zur Förderung der Wissenschaften e.V. führt das Institut den Namen Max-Planck-Institut für Biochemie.
1956	Verlagerung des Instituts nach München. Butenandt bleibt bis 1972 Direktor des Instituts.
1956–1971	Ordinarius für Physiologische Chemie an der Universität München.

| 1960 | Wird Nachfolger von Otto Hahn als Präsident der Max-Planck-Gesellschaft, eine Funktion, die er bis 1972 ausübt. |
| 1995 | Tod am 18. Januar 1995 in München. |

Literatur: Karlson, Peter: Adolf Butenandt. Biochemiker, Hormonforscher, Wissenschaftspolitiker, Stuttgart 1990. – Schieder, Wolfgang und Trunk, Achim: (Herausgeber): Adolf Butenandt und die Kaiser-Wilhelm-Gesellschaft, Göttingen 2004. – Crawford, Elisabeth: German scientists and Hitler's vendetta against the Nobel prizes. In: Historical Studies in the Physical and Biological Sciences, Volume 31, Part 1 (2000), pp. 37-53.

Domagk, Gerhard (1895–1964)

Der deutsche Pathologe und Bakteriologe wurde durch die Entdeckung und den erfolgreichen Einsatz von sulfonamidhaltigen Azoverbindungen zu einem Pionier auf dem Gebiet der Chemotherapie bakterieller Infektionskrankheiten wie Kindbettfieber, Gasbrand, Gonorrhö und generell von Wundinfektionen. Die weiterhin von ihm entdeckte antibakterielle Wirksamkeit bestimmter Thiosemicarbazone bzw. Carbonsäurehydrazide führte zu wesentlichen Fortschritten in der Chemotherapie der Tuberkulosekrankheit.

1895	Geboren am 30. Oktober in Lagow/ Brandenburg (heute Lagów, Polen).
1914	Das 1914 in Kiel begonnene Studium der Humanmedizin unterbricht Domagk und meldet sich freiwillig zur Teilnahme am I. Weltkrieg.
1915–1918	Sanitäter an der Ostfront. Nach dem Krieg setzt er das Medizinstudium fort und schließt es 1921 mit dem Medizinischen Staatsexamen ab. Es folgen Promotion und eine kurzfristige Tätigkeit am Städtischen Krankenhaus Kiel.

1923	Wird Assistent bei Prof. Walter Gross am Pathologischen Institut der Universität Greifswald.
1924	Habilitation in Greifswald, Privatdozent.
1925	Folgt Prof. Gross (1878–1933) an die Medizinische Fakultät der Westfälischen Wilhelms-Universität zu Münster.
1927	Wird Leiter des aufzubauenden Instituts für experimentelle Pathologie und Bakteriologie der Bayer-Werke in Wuppertal-Elberfeld. Forschungsschwerpunkt wird die Testung von chemischen Verbindungen auf antibakterielle Wirkung. Die Chemiker Fritz Mietzsch (1896–1958) und Josef Klarer ((1898–1953) synthetisieren Hunderte von Testsubstanzen.
1928	Berufung zum apl. Professor an die Universität Münster.
1932–1935	Auffinden der antibakteriell stark wirksamen Verbindung 4-(2,4-Diamino-phenylazo)-benzolsulfonamid, die 1935 als das Arznei-mittel Prontosil auf den Markt gebracht wird und weltweit zu einer raschen Entwicklung und zum Einsatz von Sulfonamiden gegen zahlreiche Infektionskrankheiten führt.
1939	Berufung zum a.o. Professor an die Universität Münster.
1939	Auszeichnung mit dem Nobelpreis für Physiologie/Medizin, den Domagk unter dem Druck des NS-Regimes ablehnt.

Zur Frage des politischen Verhaltens von Gerhard Domagk in der NS-Zeit äußert sich sein Biograph E. Grundmann so: *„Wenn wir heute nach dem Charakter eines Menschen aus der ersten Hälfte dieses Jahrhunderts fragen, dann fragen wir: Was tat er zwischen 1933 und 1945? Die Stellung und das Verhalten während dieser Jahre erscheint entscheidend. Diese Frage versagt, wenn wir Domagk befragen... Domagk war – um es klar und einfach zu sagen – ein deutscher Patriot. Er* *war es, als er 1914 an die Front drängte. Er war es 1927/28, als er in seinen Antritts-Vorträgen in Elberfeld und Leverkusen die deutsche Wissenschaft zum Kampf gegen den Krebs aufrief. Er war es, als er während des 2. Weltkrieges den Einsatz der Sulfonamide gegen die Wundinfektionen mit aller Intensität betrieb." /Siehe Grundmann, Ekkehard: Gerhard Domagk Der erste Sieger über die Infektionskrankheiten, Münster 2001, S.176/*

Als kritische Haltung gegenüber dem Nationalsozialismus wertet Grundmann, dass er *„eine Unzahl von Briefen Domagks im Original oder in Kopie im Leverkusener Bayer-Archiv gelesen und keinen einzigen gefunden* (hat), *der mit ‚Deutschen Gruß' oder ‚Heil Hitler' unterzeichnet war – was damals üblich, ja offiziell vorgeschrieben war." /Ebenda, S.84./* Der Brief Domagks an Hitler vom November 1939, der „Mit deutschem Gruß Hochachtungsvoll" unterzeichnet ist, stellt danach die nicht vermeidbare Ausnahme dar.

1940	Buchpublikation mit C. Hegler: Chemotherapie bakterieller Infektionen, Leipzig 1940.
1943	Entdeckung der tuberkulostatischen Wirkung von 4-Acetylamino-benzaldehyd-thiosemi-carbazon, das als Conteben gegen Tuberkulose eingesetzt wird.
1947	Gerhard Domagk wird in Stockholm mit den Insignien des Nobelpreises 1939, der Medaille und dem Diplom, ausgezeichnet.
1951	Entdeckung der tuberkolostatischen Wirkung des Isonicotinsäurehydrazids, das als Neoteben zu einem häufig verwendeten Arzneimittel gegen Tuberkulose wird. In der Nachkriegszeit nimmt Domagk auch chemotherapeutische Forschungen zur Krebsbekämpfung auf.
1964	26. April: Tod in Burgberg-Königsfeld (Schwarzwald).

Literatur: Gerhard Domagk 1895–1964 Lebenserinnerungen in Bildern und Texten, Herausgeber: Bayer AG, 1995. – Grundmann, Ekkehard: Gerhard Domagk Der erste Sieger über die Infektionskrankheiten, Münster 2001. – Crawford, Elisabeth: German scientists and Hitler's vendetta against the Nobel prizes. In: Historical Studies in the Physical and Biological Sciences, Volume 31, Part 1 (2000), pp. 37-53.

Haber, Fritz (1868–1934)

Zu den Forschungsgebieten des deutsch-jüdischen Chemikers zählten vor allem: Untersuchungen zu elektrochemischen Reaktionen und zu thermischen Gasreaktionen; Entwicklung chemischer Kampfstoffe; Gewinnung von Gold aus Meerwasser; Entwicklung wissenschaftlicher Geräte. Die herausragende Forschungsleistung Fritz Habers bestand in der Schaffung der wissenschaftlichen Grundlagen für eine großtechnische Hochdrucksynthese von Ammoniak aus den Elementen Wasserstoff und Stickstoff. Da Ammoniak sowohl als Ausgangsstoff für die Produktion von Sprengstoffen als auch für die Produktion von Düngemitteln (Stickstoffdünger) eingesetzt werden kann, errang diese Synthese Weltbedeutung.

1868	Geboren am 9. Dezember in Breslau (heute Wrocław, Polen).
1886–1891	Chemiestudium in Berlin, Unterbrechungen durch Militärdienst und Studienaufenthalte in Heidelberg und Zürich. Promotion 1891 mit einer Dissertation in organischer Chemie.
1894	Assistent an der TH Karlsruhe. Arbeitsgebiete: Brennstoffchemie, Elektrochemie.
1896	Habilitation, Privatdozent.
1898	Buchpublikation: Grundriss der praktischen Elektrochemie. Ernennung zum a.o. Professor für Technische Chemie an der TH Karlsruhe.
1905:	Buchpublikation: Thermodynamik technischer Gasreaktionen.

Anfang des 20. Jahrhunderts nimmt Haber zusammen mit seinem Mitarbeiter Robert Le Rossignol Untersuchungen zur Hochdrucksynthese von Ammoniak aus den Elementen Wasserstoff und Stickstoff auf. Die erfolgreichen experimentellen Ergebnisse werden von der Badischen Anilin- und Sodafabrik (BASF) unter Leitung von Carl Bosch (1874–1940, Nobelpreis für Chemie 1931) großtechnisch umgesetzt (Haber-Bosch-Verfahren, Produktionsbeginn 1913).

1906	Berufung zum o. Professor für Physikalische Chemie an der TH Karlsruhe.
1911	Berufung zum Direktor des Kaiser Wilhelm-Instituts für physikalische und Elektrochemie in Berlin-Dahlem und Berufung zum o. Honorarprofessor an der Berliner Universität.
1914	Haber wird Hauptmann und Abteilungsvorstand im Preußischen Kriegsministerium. Haber stellt sein Institut auf die Entwicklung von Gaskampfstoffen um und setzt sich vehement für den Einsatz dieser Waffen ein. Er wird zum ‚Vater des Gaskrieges'.
1919	Zuerkennung des Nobelpreises für Chemie rückwirkend für das Jahr 1918.
1920	Anfang Juni Verleihung des Nobelpreises.
1918–1934	In der Zeit der Weimarer Republik versucht er im Rahmen eines, allerdings erfolglosen, geheimen Forschungsprojekts Gold aus Meerwasser zu gewinnen, um die schwierige ökonomische Situation der Weimarer Republik (hohe Reparationskosten, Inflation) verbessern zu helfen. Ab Mitte der 1920er Jahre konzentrierte sich Haber vor allem auf die Erforschung reaktionskinetischer Fragestellungen und auf die Entwicklung wissenschaftlicher Geräte (Refraktometer, Interferometer, Manometer).
1933	In der NS-Zeit wird Haber auf Grund seiner jüdischen Herkunft zum rassisch Verfolgten. Der Aufforderung, an seinem Institut jüdische Mitarbeiter zu entlassen, widersetzt er sich durch Rücktritt. Er emigriert im Herbst 1933.

1934   Tod am 29. Januar in Basel, Schweiz.
Literatur: Stoltzenberg, Dietrich: Fritz Haber   Chemiker
Nobelpreisträger Deutscher Jude, Weinheim, 1994. – Szöllösi-
Janze, Margit: Fritz Haber 1886-1934 Eine Biographie,
München 1998.

Hahn, Otto (1879–1968)

Zu den herausragenden Leistungen des deutschen Chemikers
zählen die Entdeckung neuer radioaktiver Stoffe, die
Anwendung radiochemischer Methoden zur Lösung
chemischer und geologischer Probleme (geologische
Zeitmessung), die Entdeckung des radioaktiven Rückstoßes,
die Entdeckung der Uranspaltung gemeinsam mit Fritz
Straßmann.

1879	Geboren am 8. März in Frankfurt am Main.
1897–1901	Studium der Chemie in Marburg (innerhalb dieser Zeit zwei Semester in München), Abschluss mit Promotion. Dissertation in organischer Chemie. Danach ein Jahr Militärdienst und anschließend Vorlesungsassistent bei seinem Doktorvater, dem organischen Chemiker Theodor Zincke.
1904–1905	Mitarbeiter auf radiochemischem Gebiet bei William Ramsay am University College London, entdeckt dort das Radiothorium (Thorium 228).
1905	Mitarbeiter bei Ernest Rutherford an der McGill University in Montreal/Kanada: Entdeckung des Radioactiniums. (=227 Thorium mit Ordnungszahl 90).
1906	Nimmt in Berlin am Institut von Emil Fischer radiochemische Untersuchungen auf.
1907	Entdeckung des Mesothoriums I (Radium 228). Habilitation unter Emil Fischer an der Berliner Universität.

1907	Beginn der Zusammenarbeit mit der österreichisch-jüdischen Physikerin Lise Meitner.
1910	a.o. Professor an der Berliner Universität.
1912	Wird Leiter der neu eingerichteten Abteilung für Radioaktivität am KWI für Chemie in Berlin-Dahlem.
1915–1918	Militärdienst in Fritz Habers Spezialeinheit für die Entwicklung und Abwehr von Gaskampfstoffen im I. Weltkrieg.
1924	Zweiter Direktor des KWI für Chemie.
1928	Direktor des KWI für Chemie.
1934	Rücktritt aus dem Lehrkörper der Berliner Universität.
1938	Entdeckung der Kernspaltung des Urans gemeinsam mit Fritz Strassmann.
1944	Umzug des KWI für Chemie nach Tailfingen (Baden-Württemberg).
1945	Hahn wird am 27. April durch die US-Armee inhaftiert. Verbringung nach Großbritannien.
1946	3. Januar: Entlassung aus alliierter Haft.
1946	Übernimmt Präsidentschaft der Kaiser Wilhelm-Gesellschaft in der britischen Besatzungszone, aus der sich am 11. September 1946 die Max-Planck-Gesellschaft zur Förderung der Wissenschaften e.V. in der Britischen Besatzungszone bildet. Präsident: Otto Hahn.
1948	Wahl zum Präsidenten der Max-Planck-Gesellschaft für die amerikanische und britische Besatzungszone: *„Der Beitritt steht weiteren deutschen Forschungsinstituten ohne Rücksicht auf ihre geographische Lage offen"*, heißt es in einer Pressemitteilung. Der 26. Februar 1948 gilt als offizieller Gründungstag der MPG.
1957	Unterzeichnung des Manifests der ‚Göttinger 18' gegen eine Atombewaffnung der Bundesrepublik Deutschland.

| 1960 | Rücktritt von der Funktion des Präsidenten der MPG. |
| 1968 | Tod am 28. Juli 1968 in Göttingen. |

Literatur: Otto Hahn: Mein Leben (Erweiterte Neuausgabe), München 1986. – Gerlach, Walther und Hahn Dietrich: Otto Hahn Ein Forscherleben unserer Zeit, Stuttgart 1984. – Hoffmann, Klaus: Otto Hahn Stationen aus dem Leben eines Atomforschers, Berlin, 1978. – Crawford, Elisabeth, Sime Lewin, Ruth and Walker, Mark: A Nobel tale of wartime injustice. In: Nature 382, 1996, pp. 393-395.

Henry A. Kissinger (1923–)

1923	Der US-amerikanische Politikwissenschaftler und Politiker wird am 27. Mai als Heinz Alfred Kissinger in Fürth (Bayern) geboren.
1938	Im August flieht die deutsch-jüdische Familie (Eltern und zwei Söhne) über England nach den USA.
1943	Im Februar Einberufung zur US-Armee. Im Juni erhält er die US-amerikanische Staatsbürgerschaft.
1943–1945	Teilnahme am II. Weltkrieg.
1947	Aufnahme eines Geschichtsstudiums an der Harvard-Universität, Cambridge, USA.
1954	Dr. phil.
1959	a.o. Professor an der Harvard Universität
1962	a.o. Professor im Fachbereich ‚Government’. Vorlesungen zu Verteidigungs- und Sicherheitsfragen.
1968	13. Mai: Beginn der Geheimverhandlungen zwischen den Regierungen der USA und Nordvietnams in Paris, um den Vietnamkrieg zu beenden.
1973–1977	Außenminister der USA.

| 1974 | Richard Nixon tritt wegen der Watergate-Affäre am 8. August als Präsident der USA zurück. |
| 1977 | 20. Januar: Kissinger zieht sich ins Privatleben zurück. |

Werke: A world restored. Castlereagh, Metternich and the restoration of peace 1812–22 (1957; dt. Großmacht Diplomatie. Von der Staatskunst Castlereaghs und Metternichs). – American foreign policy (1969; dt. Amerikanische Außenpolitik). – The White House years (1979; dt. Memoiren). – For the record (1981. – Years of Upheaval (1982).

Kissinger erhielt außer dem Friedens-Nobelpreis viele Ehrungen und Auszeichnungen, u. a. die Ehrenbürgerschaft seiner Heimatstadt Fürth und den Dr. h. c. der Universität Erlangen.

Literatur: Walter Isaacson: Kissinger: Biographie, Berlin 1993. – Vasold, Manfred: Henry A. Kissinger – eher ein Kalter Krieger als ein Pazifist. In: Der Friedens-Nobelpreis von 1971–1974, Edition Pacis AG Zug/Schweiz 1991, S. 126-151.

Richard Kuhn (1900–1967)

Die beiden Arbeitsschwerpunkte des österreichisch-deutschen Chemikers Richard Kuhn waren einerseits Forschungen zur Isolierung, Synthese und biologischen Wirkungsweise von Naturstoffen, andererseits Untersuchungen zu theoretischen Problemen der organischen Chemie. Zu den untersuchten Naturstoffgruppen gehören Carotinoide, Vitamine (Vitamin A, Vitam B_2, Vitamin B_6, Pantothensäure), Enzyme (Vitamine als Coenzyme), Alkaloid-Glykoside, Oligosaccharide als Resistenzfaktoren gegen Viren. Was die Beiträge zur theoretischen Durchdringung der organischen Chemie anbetrifft, so gehören dazu physikochemische Untersuchungen an organischen Verbindungen zum

Zusammenhang zwischen Konstitution und Farbe, Arbeiten zur Sterochemie der Kumulene, Schaffung des Begriffs Atropisomerie (heute als Konformationsisomerie bezeichnet, speziell Rotationsisomerie), Forschungen zu freien Radikalen und hochaciden Kohlenwasserstoffen.

In der Zeit des II. Weltkriegs arbeitete das Kuhnsche Institut auch an Forschungsaufgaben zur Synthese und Dekontamination von chemischen Kampfstoffen.

1900	Geboren am 3. Dezember in Wien.
1918	Beginnt ein Chemiestudium in Wien (2 Semester), das er in München fortsetzt (6 Semester).
1922	Promotion zum Dr. phil. bei Richard Willstätter an der Universität München. Willstätter sprach von Kuhn als seiner ‚größten Entdeckung'.
1925	Habilitation und Berufung zum Privatdozenten für Organische Chemie an der Universität München.
1926	Berufung zum o. Professor für Allgemeine und Analytische Chemie an die Eidgenössische Technische Hochschule Zürich. Seine Antrittsvorlesung hatte das Thema: ‚Die Chemie der Gegenwart und die Biologie'.
1928	Heirat mit Daisy Hartmann. Der Ehe entstammen sechs Kinder.
1929	Berufung zum Direktor der chemischen Abteilung (‚Instituts') des Kaiser Wilhelm-Instituts für medizinische Forschung in Heidelberg. Das Institut umfasste die vier Abteilungen: Chemie, Physik, Physiologie und Pathologie.
1929	Honorarprofessor der Naturwissenschaftlich-mathematischen Fakultät der Universität Heidelberg. Um 1936 Leiter des ‚Referats Ausland' des Bundes deutscher Chemiker und deutscher Vizepräsident der Union Internationale de Chimie.

1938	6. Januar: Ernennung zum Direktor des Kaiser Wilhelm-Instituts für medizinische Forschung in Heidelberg.
1938	Im März Anschluss Österreichs an das Deutsche Reich.
1938–1945	Präsident der Deutschen Chemischen Gesellschaft.
1938	Präsident der Union Internationale de Chimie.
1938–1939	Erster Senator des Vereins Deutscher Chemiker in der Reichsfachgruppe Chemie des NS-Bund Deutscher Technik.
1939	Leiter des Bereichs Organische Chemie im 1939 gegründeten Reichsforschungsrat.
1940	Fachspartenleiter der Sektion Organische Chemie des Reichsforschungsrates.
1939	Nobelpreis für Chemie des Jahres 1938 für seine Arbeiten über Carotinoide und Vitamine.
1939–1945	*„In der Kriegszeit kämpfte er um die Erhaltung eines – wie er es nannte – ‚Hunderttausend-Mann-Heeres' an Chemikern, damit nach Kriegsende, ähnlich wie 1918, Deutschland sogleich an den Wiederaufbau gehen könne.“* /99/
1940	Copernicus-Preis der Universität Königsberg.
1942	Goethe-Preis der Stadt Frankfurt/Main.
1943–44	*„Seit 1943/44 gab es keinen zweiten Wissenschaftspolitiker der NS-Diktatur, der so wie Richard Kuhn den Bereich der organisch-chemischen und biochemisch-medizinischen Forschung überblickte, koordinierte und mitverantwortete. Dank dieser Multifunktionen konnte Kuhn die Interessen seines Heidelberger Instituts optimal vertreten. Er gehörte zu den wenigen Direktoren der Kaiser Wilhelm-Gesellschaft, die aufgrund ihrer Beziehungen zum Heereswaffenamt, zum Reichsamt für Wirtschaftsausbau, zum Reichsforschungsrat und zu mehreren Reichsministerien ihren Mitarbeiterstab nicht nur zu halten, sondern sogar auszubauen verstanden.*

Es gelang ihm, die meisten laufenden
Forschungsprojekte mit »kriegswichtigen«
Fragestellungen zu verbinden und die zum Teil
sprunghaft ansteigenden Gelder, Apparate-
ausrüstungen und Sachmittel aus den verschie-
denen Budgettöpfen abzuzweigen"./100/

1945	Entlassung aus dem Universitätsdienst durch die US-Militärregierung.
1948	Direktor des Max-Planck-Instituts für Medizinische Forschung, Heidelberg.
1950	O. Professor für Biochemie an der medizinischen Fakultät der Universität Heidelberg.
1955–1967	Vizepräsident der Max-Planck-Gesellschaft.
1958	Verleihung des Ordens Pour le Mérite der Friedensklasse.
1964–1965	Präsident der Gesellschaft Deutscher Chemiker.
1967	Tod am 31. Juli 1967 in Heidelberg.

Richard Kuhn war Mitglied bzw. Ehrenmitglied vieler wissenschaftlicher Akademien und Gesellschaften und Inhaber zahlreicher Ehrendoktorate.

1968 Stiftung der Richard-Kuhn-Medaille durch die BASF AG, Ludwigshafen. Seit 1996 wird der Preis aus den Erträgen eines Sondervermögens für Auszeichnungen bei der Gesellschaft Deutscher Chemiker finanziert. Seit 1968 sind dreizehn Persönlichkeiten mit der Richard-Kuhn-Medaille ausgezeichnet worden.

Literatur: Westphal. O.: Richard Kuhn zum Gedächtnis. In: Angew. Chem./80. Jahrg.1968/Nr.13, S.501-519. – Staab, Heinz.A.: Richard Kuhn. In: Neue Deutsche Biographie, Bd. 13, S.266-268. – Deichmann, Ute: Flüchten, Mitmachen, Vergessen Chemiker und Biochemiker in der NS-Zeit, Weinheim et al. 2001. – Ebbinghaus, Angelika und Roth, Karl Heinz: Vernichtungsforschung: Der Nobelpreisträger Richard Kuhn, die Kaiser Wilhelm-Gesellschaft und die Entwicklung von Nervenkampfstoffen während des ‚Dritten Reichs'. In: Zeitschrift für Sozialgeschichte des 20. und 21. Jahrhunderts,

1999, 17 (2002) 1, S. 15-50. – Crawford, Elisabeth: German scientists and Hitler's vendetta against the Nobel prizes. In: Historical Studies in the Physical and Biological Sciences, Volume 31, Part 1 (2000), pp. 37-53.

Le Duc Tho (1911–1990)

1911	Le Duc Tho (eigentlicher Name: Phan Dinh Khai) wird am 14. Oktober in Pich Le in der Nam Ha – Provinz (heute Binh Tri Thien) – geboren.
1930	Mitbegründer der Indochinesischen Kommunistischen Partei, der späteren Kommunistischen Partei Vietnams (KPV).
1930–1936	und 1939–1944 durch die französische Kolonialmacht inhaftiert.
1945	Mitbegründer der Nationalen Front für die Befreiung Vietnams (Vietminh-Front), Kampf an der Seite von Ho Tschi Minh und von Nguyen Giap für die Unabhängigkeit Vietnams.
1948	Er wird vom Politbüro der KPV nach Südvietnam entsandt, um dort den politischen und militärischen Kampf gegen die Kolonialmacht Frankreich, ab 1955 gegen die Intervention der USA zu organisieren.
1951	Wird Mitglied des Politbüros der KPV.
1961–1981	Als Direktor der Organisationsabteilung des Zentralkomitees der KPV ist Le Duc Tho für die Schulung des Kadernachwuchses der Partei verantwortlich.

Ab 1968 führt er die Verhandlungen Nordvietnams mit den USA zur Beendigung des Vietnamkrieges. In der Zeit von Februar 1970 bis Januar 1973 war Henry Kissinger sein Verhandlungspartner von Seiten der USA.

Henry Kissinger über Le Duc Tho: *„ ...über meine Scherze lachte er manchmal übertrieben laut und dann wieder mit der Ungeduld einer bedeutenden Persönlichkeit, die Wichtigeres zu tun hat, als sich durch Trivialitäten aufhalten zu lassen. Er wusste, was er wollte – er hatte nicht zehn Jahre im Gefängnis gesessen und zwanzig Jahre lang Krieg geführt, um sich jetzt durch den vermeintlichen Charme eines Kapitalisten verführen zu lassen." ... „ es stellte sich heraus, dass Le Duc Tho Berufsrevolutionär und sein Spezialgebiet der Guerillakrieg war. Obwohl er beredt von Frieden sprechen konnte, war dieser Begriff für ihn eine Abstraktion und hatte mit seinen persönlichen Erfahrungen nichts zu tun."* /101/

1973	Le Duc Tho unterzeichnet die mit den USA getroffene Vereinbarung über die Beendigung des Krieges und die Wiederherstellung des Friedens in Vietnam.
1973	Zuerkennung des Friedensnobelpreises.
1975	Am 7. April wird er Politischer Leiter der militärischen Kräfte Nordvietnams in Südvietnam und der Vietkong-Truppen in Südvietnam.
1978	30. April: Kapitulation Südvietnams.
1986	Le Duc Tho scheidet fünfundsiebzigjährig aus dem Politbüro der KPV aus.
1990	Tod am 13. Oktober in Hanoi.

Literatur: Brockhaus Nobelpreise Chronik herausragender Leistungen, Mannheim. Leipzig 2001. – Internet: Le Duc Tho, aus Wikipedia, der freien Enzyklopädie. – Weggel, Oskar: Le Duc Tho – ein Falke mit dem Friedenspreis. In: Der Friedens-Nobelpreis von 1971–1974, Edition Pacis AG Zug/Schweiz 1991, S. 152-165.

Meitner, Lise (1878–1968)

Zu den herausragenden Forschungsleistungen der österreichisch-jüdischen Physikerin, die oft in enger Zusammenarbeit mit dem Chemiker Otto Hahn erzielt wurden, zählen die Entdeckungen mehrerer radioaktiver Isotope, die in natürlichen Zerfallsreihen auftreten. Vor allem ist die Entdeckung des stabilsten Isotops des Elementes 91, des Protactiniums. mit dem Atomgewicht 231 hervorzuheben. Ein weiterer Schwerpunkt ihrer Forschungsarbeit war die Erforschung der ß-Strahlung radioaktiver Substanzen. Auch an der Verbesserung von Nachweismethoden für den von Otto Hahn entdeckten radioaktiven Rückstoß hat sie mitgewirkt. Die von ihr am KWI für Chemie initiierte Forschung zu „Transuranen" führte letztlich zur Entdeckung der Kernspaltung auf chemischem Wege durch Hahn und Strassmann, deren physikalischen Erklärung sie zusammen mit Otto Frisch lieferte.

1878	Geboren am 7. November in Wien.
1901–1906	Studium der Physik mit Promotionsabschluss an der Wiener Universität bei Ludwig Boltzmann.
1907	Wechsel an die Berliner Universität zu Max Planck.
1907	Ab Oktober Zusammenarbeit mit Otto Hahn auf radiochemischem Gebiet am Chemischen Institut von Emil Fischer.
1912–1915	Vorlesungsassistentin von Max Planck an der Berliner Universität.
1912	Zusammen mit Otto Hahn an das Kaiser Wilhelm-Institut für Chemie nach Berlin-Dahlem, zusammen mit Hahn Aufbau einer Abteilung für Radioaktivität.
1914–1918	I. Weltkrieg. Meitner meldet sich zum Kriegseinsatz als Röntgenologin. Nach einer vorbereitenden Ausbildung ab 1915–1917 Arbeit als Röntgenschwester in Feldlazaretten der österreichisch-ungarischen Armee.

	Zeitliche Unterbrechungen werden für Forschungsarbeit in Berlin genutzt.
1917	Gemeinsam mit Otto Hahn Entdeckung des Elementes Protactinium mit der Ordnungszahl 91 und dem Atomgewicht 231.
1919	Verleihung des Professorentitels durch das Preußische Ministerium für Wissenschaft, Kunst und Volksbildung.
1922	Habilitation, Habilitationsschrift: „Über die Entstehung der Beta-Strahl-Spektren radioaktiver Substanzen".
1924	Die Hahn/Meitner Abteilung für Radioaktivität gliedert sich offiziell in die Unterabteilungen Radiochemie (Leitung: Otto Hahn) und Radiophysik (Leitung: Lise Meitner) auf.
1926	Wird als nicht beamtete a.o. Professorin an die Berliner Universität berufen, Vorlesungen über Atomphysik und Radiumforschung.
1933	Im NS-Staat darf Lise Meitner aufgrund ihrer jüdischen Herkunft keine Vorlesungen mehr an der Universität halten. Entzug der Lehrbefugnis am 6. September 1933. Als österreichische Staatsangehörige darf sie jedoch weiter am KWI für Chemie forschen.
1938	Im März Anschluss Österreichs an das Deutsche Reich. Meitner flüchtet am 13. Juli 1938 über Holland nach Schweden. Sie wird Mitarbeiterin am Nobel-Institut für Physik der Schwedischen Akademie der Wissenschaften. Ihre Arbeits- und Wirkungsmöglichkeiten sind stark eingeschränkt.
1947	Sie erhält eine Forschungsprofessur an der TH Stockholm.
1946	Wahl zur Frau des Jahres in den USA.
1960	Übersiedlung nach Cambridge in England.
1968	Tod am 27. Oktober in Cambridge, England.

Literatur: Krafft, Fritz: Lise Meitner Eine Biographie, Berlin 1988. – Sime Lewin, Ruth: Lise Meitner – A Life in Physics, Berkeley 1996. (dt. Lise Meitner Ein Leben für die Physik,

Frankfurt am Main und Leipzig, 2001). – Sexl, Lore und Hardy, Anne: Lise Meitner, Reinbek bei Hamburg 2002. – Crawford, Elisabeth, Sime Lewin, Ruth and Walker, Mark: A Nobeltale of wartime injustice. In: Nature 382, 1996, p. 393-395.

Mentzel, Rudolf (1900–1987)

1900	Rudolf Mentzel wird am 28. April in Bremen geboren.
1919–25	Chemiestudium mit Promotionsabschluss an der Universität Göttingen.
1925–1933	Nach einer Tätigkeit bei einer Bremer Ölfirma (1925–1926) wird er am chemischen Institut der Universität Göttingen Privatassistent bei Gerhart Jander und arbeitet dort bis 1933 an der offiziell verbotenen Entwicklung von chemischen Kampfstoffen für das Heereswaffenamt.

Die politische Karriere Mentzels weist bis 1933 folgende Stationen auf:

1922–1923	Eintritt in die SA.
1925	Eintritt in die NSDAP, Mitgliedsnummer 2937. Durch ein bald eintretendes Verbot der Partei begrenzt sich seine offizielle Mitgliedschaft in dieser Zeit nur auf fünf Monate. Wiedereintritt in die Partei 1928.
1932	Aufnahme in die SS.
1933	Kreisleiter der NSDAP für Stadt und Landkreis Göttingen. Zuständiger Gauleiter für ihn ist Bernhard Rust, der spätere Minister für Wissenschaft, Erziehung und Volksbildung, der Mentzel in den Folgejahren in die Arbeit des Ministeriums einbezieht.
1933	Ernennung zum SS-Obersturmführer.

Die Machtübernahme durch die NSDAP im Jahre 1933 brachte für Mentzel eine rasche Karriere-Entwicklung:

1933	Im Juli kann er sich an der Universität Greifswald habilitieren. Seine Habilitationsschrift „Chemische Untersuchungen zum Problem des Deutschen Gas- und Nebelschutzes" wurde als kriegswichtig und deswegen als geheim eingestuft, sodass die zuständige Fakultät keinen Einblick in diese Schrift erhielt.
1933	1. November: Wird als Abteilungsleiter im KWI für physikalische und Elektrochemie eingestellt, dessen kommissarischer Leiter um diese Zeit Gerhart Jander ist.
1934	Referent für Naturwissenschaften in der Unterabteilung Forschung im Reichsministerium für Wissenschaft, Erziehung und Volksbildung.
1935	Berufung zum Ordinarius für Wehrchemie an der Wehrtechnischen Fakultät der TH Berlin. Ausscheiden aus dem KWI für physikalische und Elektrochemie. Zum Leiter des KWI für physikalische und Elektrochemie wird Peter Adolf Thiessen berufen. Thiessen, ebenfalls Göttinger Chemiker und vertrauter Parteigenosse aus der Göttinger Zeit, teilt sich mit Mentzel die ehemalige Direktoren-Villa von Fritz Haber als Wohnstätte. Thiessen wird einer der wichtigsten Berater von Mentzel in wissenschaftlichen und wissenschafts-politischen Fragen.

Friedrich Glum (1891–1974), Generalsekretär der KWG von 1927 bis 1936 (Entlassung), hat Mentzel in seinen Erinnerungen so beschrieben: *„Ich sehe heute noch das erste Auftreten des Herrn Menzel in einer Senatssitzung der KWG vor mir. Er kam in schwarzer SS-Uniform mit braunem Hemd, einen großen Revolver umgeschnallt. Später allerdings, als derselbe Mann Ministerialdirektor und Präsident der Deutschen Forschungsgemeinschaft werden sollte, erschien er im normalen englischen Anzug. Er war arriviert. Ich habe mich* *oft gefragt, wie dieses Aufsteigen möglich war, und kann es mir nur so erklären, dass Menzel auf Rust einen Einfluß ausübte, der auf das Wissen von für Rust peinlichen Situationen aus der Kampfzeit aufgebaut war."/102/* (Glum schreibt fälschlicherweise Menzel statt Mentzel, A.N.)

1936	Präsident der Deutschen Forschungsgemeinschaft (Nachfolger von Johannes Stark)
1937	Geschäftsführer des am 13. März 1937 gegründeten Reichsforschungsrates, dessen Vorsitzender General Karl Becker ist.
1938	Ernennung durch den Senat der KWG zum Wissenschaftlichen Mitglied des KWI für physikalische und Elektrochemie.
1939	Seit Mai Leiter des Amtes Wissenschaft im Reichsministerium für Wissenschaft, Erziehung und Volksbildung.
1939	Vizepräsident und Präsidenten-Stellvertreter des Reichsforschungsrates.
1941	Zweiter Vizepräsident der Kaiser Wilhelm-Gesellschaft
1942	Ernennung zum Brigadeführer der SS
1945–1948	In der Zeit vom 30. Mai 1945 bis 23. Januar 1948 interniert.

Nach dem II. Weltkrieg versuchte sich Mentzel vergeblich als Mitglied einer ‚Widerstandsgruppe Forschung' darzustellen. Er wurde 1949 im Rahmen von Entnazifizierungsmaßnahmen als Belasteter zu zweieinhalb Jahren Haft verurteilt, die durch seine vorangegangene Internierung als verbüßt galten.

1987	Tod am 4. Dezember 1987 in Twistringen (Niedersachsen).

Literatur: Manfred Rasch: Rudolf Mentzel. In: Neue Deutsche Biographie, Bd.17, S.96-98.

Ossietzky, Carl von (1889–1938)

1989	Geboren am 3. Oktober in Hamburg.
1907–1914	Hilfsschreiber beim Amtsgericht Hamburg
1911	Erste Artikel in der Zeitschrift „Das freie Volk".
1912	Tritt der „Deutschen Friedensgesellschaft" bei.
1916–1918	Militärdienst.

Bis 1920 Sekretär der „Deutschen Friedensgesellschaft" in Berlin. Gründungsmitglied der späteren Bewegung ‚Nie-wieder-Krieg!'

Der Journalist profiliert sich in linksliberalen Publikations-organen als Kritiker des deutschen Militarismus und der rechtslastigen Justiz in der Weimarer Republik.

1926	Wird Redaktionsmitglied der Wochenschrift ‚Die Weltbühne'.
1927	Übernimmt als verantwortlicher Redakteur die Herausgeberschaft für die ‚Weltbühne'.
1931	‚Weltbühnen-Prozess' vor dem Leipziger Reichsgericht. Er wird am 23. November als Landesverräter zu 18 Monaten Gefängnis verurteilt, Antritt der Haft am 12. Mai 1932.
1932	Wird am 22. Dezember im Rahmen einer Amnestie schon nach sieben Monaten Haft entlassen.
1933	Verhaftung in der Nacht des Reichstagbrands (27./28.Februar). Es folgt Haft in den Konzentrationslagern Sonnenburg und Esterwegen im Emsland.
1936	30. Mai: Der an Tuberkulose erkrankte Ossietzky wird aus der KZ-Haft entlassen und in Berliner Krankenhäusern untergebracht. Er steht unter Gestapo-Aufsicht.
1936	Verleihung des Friedensnobelpreises rück-wirkend für das Jahr 1935.
1938	4. Mai: Ossietzky stirbt im Krankenhaus Nordend in Berlin-Niederschönhausen

Literatur: Maud von Ossietzky erzählt: Berlin, 1966 und 1988.
– Sternburg, Wilhelm von : „Es ist eine unheimliche Stimmung in Deutschland" Carl von Ossietzky und seine Zeit, Berlin, 1996.

Pasternak, Boris Leonidowitsch (1890–1960)

1890	Der sowjetisch-russische Dichter wird am 10. Februar in Moskau geboren.
1908	Schließt den Besuch eines deutschen Gymnasiums in Moskau ab und beginnt an der Universität ein Jurastudium.
1909	Wechselt zur Historisch-Philologischen Fakultät.
1912	Viermonatiger Studienaufenthalt auf dem Gebiet der Philosophie an der Universität Marburg (Deutschland).
1913	Studienabschluss in Moskau.
1914	Erster Gedichtband.
1926–27	Poeme: Lejtenant Šmidt (dt. Leutnant Schmidt); Devat'sot pyatigod (Das Jahr 1905).
1932–1943	Keine Publikation Pasternakscher Lyrik in der Sowjetunion. Pasternak übersetzte in dieser Zeit Werke von Shakespeare, Goethe, Schiller, Kleist, Petöfi, Verlaine u. a.
1943	Publikation einer Sammlung von Gedichten, die seit 1936 entstanden war.
1948–56	Arbeit am Roman Dr. Živago (dt. Doktor Schiwago).
1957	Erstpublikation des Romans in Mailand (Italien).
1958	Roman erscheint in Deutsch.
1958	Zuerkennung des Nobelpreises für Literatur.
1958	Ausschluss aus dem sowjetischen Schriftstellerverband.

1959	Roman erscheint in den USA (Ann Arbor, Michigan) in russischer Sprache.
1960	Tod am 30. Mai 1960 in Peredelkino bei Moskau.
1987	Postume Wiederaufnahme in den sowjetischen Schriftstellerverband.
1988	Der Roman Doktor Schiwago wird erstmals in der Sowjetunion, in der Zeitschrift Nowyi Mir, abgedruckt.

Literatur: Autobiographie: Autobiograficesky ocerk' 1959, zuerst in italienisch publiziert (dt. Über mich selbst;). – L. Fleišman: Boris Pasternak The poet and his politics, Cambridge, Mass., 1990. – Strömberg, Kjell: Kleine Geschichte der Zuerkennung des Nobelpreises an Boris Pasternak. In: Nobelpreis für Literatur 1957–1958 CAMUS/PASTERNAK, Coron Verlag, Lachen am Zürichsee, 1994.

Jean Paul Sartre (1905–1980)

1905	Der französische Philosoph und Schriftsteller wird am 21. Juni in Paris geboren.
1924–1928	Studium an der École normale supérieure, Paris.
1929	Agrégation in Philosophie.
1931–1945	Lehrtätigkeit an höheren Schulen in Philosophie. Studienaufenthalt am Institut Français in Berlin in den Jahren 1933/34.
1939	Einberufung zum Militärdienst als Sanitäter.
1940–41	In deutscher Kriegsgefangenschaft.
1942–44	Wirken in der Resistance.
1945	Aufgabe des Lehrberufs, Sartre wird freier Schriftsteller. Mitbegründer der politisch-literarischen Zeitschrift ‚Les Temps modernes'.
1952–1956	Wird ein ‚compagnon de route', ein Wegbegleiter der Kommunistischen Partei

	Frankreichs (KPF). Sarte, der nie eingetragenes Mitglied der KPF war, geht nach der sowjetischen Intervention in Ungarn (1956) wieder auf Distanz zur KPF.
1964	Ablehnung des zuerkannten Nobelpreises für Literatur.

Mitte der sechziger und Anfang der siebziger Jahre verstärktes politisches Engagement für revolutionäre, antiimperialistische Bewegungen in der Dritten Welt. Kampf gegen den Vietnamkrieg der USA, Vorsitzender des von Bertrand Russel begründeten ,Vietnam-Tribunals'.

1968	Protestiert gegen den Einmarsch von Truppen des Warschauer Pakts in die Tschechoslowakei.
1973	Wird Direktor der Tageszeitung ,Liberation'.
1980	Tod am 15. April 1980 in Paris.

Sartre gilt als Begründer des Existentialismus, der französischen Variante der Existenzphilosophie.

Philosophische Hauptwerke: L'être et le néant (1943; dt. Das Sein und das Nichts); Critique de la raison dialectique (1960-1985, 2 Bände; dt. Kritik der dialektischen Vernunft).

Romane: La nausée (1938, dt. Der Ekel); Les chemins de la liberté (1945-81, 4 Bände ; dt. Die Wege der Freiheit).

Dramen: Les mouches (1943 ; dt. Die Fliegen) La putain respectueuse (1946, dt. Die ehrbare Dirne). Les mains sales (1948; dt. Die schmutzigen Hände).

Biographische Studie über Gustave Flaubert: L'idiot de la famille. Gustave Flaubert de 1821 à 1857(1971–72, 3 Bände; dt. Der Idiot der Familie. Gustav Flaubert 1821–1857, 5 Bände).

Literatur: Autobiographie: Les mots (1964 ; dt. Die Wörter). Bertholet, Denis: SARTRE, Paris, 2000 (Biographie). Contat, Michel: Riens dans les mains, riens dans les poches. In : Quai Voltaire, revue litteraire, no. 6, automne 1992, p. 79-99. (Der Artikel bezieht sich auf die Thematik der Nobelpreisverleihung).

Straßmann, Fritz (1902–1980)

Zu Beginn seiner Tätigkeit am KWI für Chemie in Berlin-Dahlem beschäftigte sich Fritz Straßmann (eigentliche Vornamen: Friedrich Wilhelm; die Schreibung des Nachnamens variiert in der Literatur zwischen Straßmann bzw. Strassmann) mit der Bestimmung von Strontium in Glimmer und weiterhin mit der Untersuchung von Oberflächen und Strukturen kristalliner Substanzen. Schwerpunkt der Zusammenarbeit mit Otto Hahn und Lise Meitner wurde die Untersuchung der Reaktionsprodukte, die bei der Neutronenbestrahlung von Uran entstehen. Als analytischer Chemiker entwickelte er Methoden zu schnellen Bestimmung von instabilen Uran- und Thoriumisotopen. In Zusammenarbeit mit Otto Hahn gelang ihm Ende 1938 der chemische Nachweis der durch Neutronenbestrahlung von Uran eingetretenen Kernspaltung. Nach dem II. Weltkrieg setzte er sich vorrangig für den Aufbau einer kernchemischen Forschung in Mainz (Rheinland-Pfalz) ein.

1902	Fritz Straßmann wird am 22. Februar in Boppard (Rheinland) geboren.
1920–1929	Studium der Ingenieurwissenschaften und der Chemie an der TH Hannover, Promotion zum Dr. Ing. im Jahre 1929.
1929–1935	(Siehe Zitate aus dem tabellarischen Lebenslauf Fritz Strassmanns im laufenden Text). Dr. Fritz Straßmann arbeitet in diesen Jahren auf der Basis eines geringen Stipendiums der Notgemeinschaft der Deutschen Wissenschaft (bis 1932), der bezahlten Hilfe für Studenten bei der Vorbereitung auf Prüfungen und einer sehr geringen Unterstützung aus einem Privatfonds Otto Hahns am KWI für Chemie.
1935	1. Januar: Anstellung als Assistent mit Gehalt am KWI für Chemie.
1938	*„ 13. März ‚Anschluß' Österreichs an das Deutsche Reich. Mitte Juli emigriert die*

Österreicherin Lise Meitner nach Schweden,
bleibt jedoch weiterhin in engem brieflichen
Kontakt mit O. Hahn. In die Korrespondenz
zwischen Hahn und Meitner hatte ich damals
keinen Einblick, erfuhr aber manches daraus
von O. Hahn. 18. Dezember gemeinsam mit
Hahn chemischer Nachweis der Kernspaltung
..."/76, S. VI-VII/

1941	Die Universität Berlin lehnt Straßmanns Habilitationsantrag ab.
1943	Fritz Straßmann und seine Frau Maria verstecken in ihrer Wohnung ab März 1943 für längere Zeit die verfolgte jüdische Pianistin Andrea Wolffenstein.
1944	Das durch Bombeneinwirkung stark zerstörte KWI für Chemie wird nach Tailfingen (Baden-Württemberg) verlegt.
1945	Nach Kriegsende wird das Institut der französischen Besatzungsmacht unterstellt.
1946	Berufung zum o. Professor an die Universität Mainz und gleichzeitig zum Direktor des Instituts für Anorganische Chemie und Kernchemie der Universität Mainz. Parallel zu seiner Universitätstätigkeit arbeitet er für den Wiederaufbau des KWI für Chemie (ab 1949 Max-Planck-Institut für Chemie), das 1946 von Tailfingen nach Mainz verlegt worden war.
1950	Straßmann wird 2. Direktor des MPI für Chemie, scheidet aber schon 1953 aus diesem Institut aus.
1966	Auszeichnung mit dem Enrico Fermi-Preis, gemeinsam mit Hahn und Meitner.
1970	Emeritierung.
1980	Tod am 22. April in Mainz.
1986	Wird postum als einziger deutscher Chemiker mit der Pflanzung eines Baumes in der Allee der Gerechten in Yad Vashem, Jerusalem, geehrt.

Literatur: Fritz Krafft: Im Schatten der Sensation. Leben und Wirken von Fritz Strassmann, Weinheim, 1981. – Elisabeth Crawford, Ruth Lewin Sime and Mark Walker: A Nobel tale of wartime injustice. In: Nature 382, 1996 p.393-395.

Svedberg, Theodor (The) (1884–1971)

Forschungsschwerpunkte des schwedischen Physiko-chemikers waren vor allem die Untersuchung von Kolloiden und von makromolekularen Verbindungen. Bei den Kolloiden ging es sowohl um die Entwicklung von Herstellungsmethoden für Kolloide als auch um die Erforschung solcher Eigen-schaften wie Diffusion, Lichtabsorption und Sedimentation. Durch die Entwicklung einer Ultrazentrifuge wurde es möglich, erstmals die Molekulargewichte von solchen hochmolekularen Verbindungen wie Proteinen, bestimmten Carbohydraten und anderen Hochpolymeren zu bestimmen. Auch auf dem Gebiet der Entwicklung von Elektrophorese-techniken leistete Svedberg zusammen mit seinem Schüler Arne Tiselius (1902–1971, Nobelpreis für Chemie 1948) Pionierarbeit. Die methodischen Entwicklungen zur Ultrazentrifuge und zur Elektrophorese trugen im 20. Jahrhundert entscheidend zur Entwicklung der Biochemie und Molekularbiologie bei. In Svedbergs Zeit als Direktor des Gustaf Werner-Instituts für Kernchemie folgten Unter-suchungen zur Kernchemie und Strahlungsbiologie sowie zum photographischen Prozess.

1884	The Svedberg wird am 30. August in Fleräng/ Valbo (Schweden) geboren.
1904	Beginn eines Chemiestudiums an der Universität Uppsala.
1908	Dr. phil., Dissertation: ‚Studien zur Lehre von den kolloiden Lösungen'.
1926	Nobelpreis für Chemie.
1912–1949	Professor für Physikalische Chemie an der Universität Uppsala.

1949	Emeritierung.
1949–1967	Direktor des Gustaf Werner-Instituts für Kernchemie an der Universität Uppsala. Svedberg erhielt viele Ehrendoktorate und Auszeichnungen und war Mitglied vieler wissenschaftlicher Organisationen und Akademien. Svedberg war viermal verheiratet. Insgesamt 12 Kinder: 6 Söhne und sechs Töchter.
1971	Tod am 26.Februar in Orebro, Schweden.

Buchpublikationen: Die Methoden zur Herstellung kolloider anorganischer Stoffe, Dresden 1909. – Die Existenz der Moleküle, Leipzig 1912. – Colloid Chemistry , New York 1924. – The Ultracentrifuge, Oxford 1940 (mit K.O. Pedersen).

Literatur: Biographical Memoirs of Fellows of the Royal Society, Cambridge: Royal Society, 1972 (Volume 18), 595-627. – Dictionary of Scientific Biography. New York: Scribner's, 1976 (Volume 13), 158-164. – Kerker, Milton: The Svedberg and Molecular Reality. In: ISIS, 1986, 77, pp.278-282.

Übersichtsliteratur zu Nobelpreisen und Nobelpreisträgern

BROCKHAUS Nobelpreise Chronik herausragender Leistungen, Mannheim Leipzig 2001.

Harenberg Lexikon der Nobelpreisträger, Dortmund 1998.

Hargittai, István: The Road to Stockholm Nobel Prizes, Science, and Scientists, Oxford 2002.

Friedman, Robert Marc: The Politics of Excellence Behind the Nobel Prize in Science, New York 2001.

Filser, Hubert: Nobelpreis Der Mythos. Die Fakten. Die Hintergründe. Freiburg 2001.

Quellen und Anmerkungen

/1/   Les Prix Nobel En 1914–1918, Stockholm, 1920, S. 5.

/2/   Zitiert nach Szöllösi-Janze, Margit: Fritz Haber 1886–
        1934 Eine Biographie, München 1998, S. 433.

/3/   Zitiert nach Harenberg Lexikon der Nobelpreisträger,
        Dortmund, 1998, S. 96: „Haber erhielt im Jahr 1918
        für die Entwicklung der Ammoniaksynthese ... den
        Nobelpreis für Chemie."

/4/   Stolzenberg, Dietrich: Fritz Haber Chemiker
        Nobelpreisträger Deutscher Jude, Weinheim, 1994, S.
        427: „Ebenso wurde der Preis für Chemie...
        vergeben... 1918 an Fritz Haber."

/5/   Vgl. Widmalm, Sven: Science and Neutrality: The
        Nobel Prizes of 1919 and Scientific Internationalism in
        Sweden. In: Minerva 33: 339-360, 1995.

/6/   Brief von Fritz Haber an Richard Willstätter vom 18.
        November 1919, Archiv zur Geschichte der MPG,
        Berlin-Dahlem, Abt.Va, Rep.5, Nr. 860, Bl. 17.

/7/   Brief von Fritz Haber vom 11. Mai 1920 an den
        Kungl.Vetenskaps-Akademiens Secretare, Prof. Chr.
        Aurivillius. The Nobel Archive of The Royal Swedish
        Academy of Sciences. Bilagor till Kungl.
        Vetenskapsakademiens Protokoll Anagaenda Arenden
        Rörande Nobelstiftelsen Ar 1920-1922, Bl. 73 und.74.

/8/   Die Verleihungszeremonie fand entsprechend den um
        diese Zeit geltenden Bestimmungen Anfang Juni 1920
        in Stockholm statt. Der in der biographischen Literatur
        zu Habers Nobelpreisverleihung öfters anzutreffende
        Hinweis, bei dem laut Königlichen Dekret von 1914
        festgelegten ersten Juni als Tag der Verleihungs-
        zeremonie handele sich um den Geburtstag von Alfred
        Nobel ist nicht richtig. Alfred Nobel wurde am 21.
        Oktober 1833 geboren.
        Birgitta Lemmel, Head of Information of the Nobel
        Foundation in 1986–1996, gibt in ihrem erstmals am
        29. Juni 2000 publizierten Artikel „The Nobel
        Foundation: A Century of Growth and Change"

*allerdings den zweiten Juni als Datum für die im Jahre
1920 stattgefundene Verleihungszeremonie an:*
„*The first Nobel Prizes after the World War I – the
1919 prizes – were awarded in June the next year in
order to give the Festivities an atmosphere of early
Swedish summer with sunshine, light and greenery
instead of dark December with cold and wet snow. The
ceremony took place on June 2, 1920* (Hervorhebung
durch A.N.) *at the Royal Academy of Music, with the
subsequent Banquet at the Hasselbacken restaurant
near the Skansen outdoor museum. This was not a
success. No members of the Royal Family were present
because of the death of Crown Princess Margaretha.
The weather was gray, rainy and cold. As a result of
disappointment at the absence of the King, the bad
weather and the questionable suitability of
Hasselbacken for banquets of this kind, the Nobel
Festivities of 1920 reverted to earlier tradition and
were held on December 10; the Prize Award Ceremony
– again attended by His Majesty the King – at the
Royal Academy of Music and the Nobel Banquet at the
Hall of Mirrors in the Grand Hotel.* “ *(Quelle: Internet,
http://www.nobelse/nobel-
foundation/history/lemmel/index.html,S.22,23.)
Dieses Zitat beantwortet auch einigermaßen die
Frage, warum die Verleihungsfeierlichkeiten von
Dezember auf Juni und wieder zurück auf Dezember
verlegt wurden.*

/9/ *Haber, Charlotte: Mein Leben mit Fritz Haber,
Düsseldorf Wien 1970,
S. 144.*

/10/ *Kerker, Milton: The Svedberg and Molecular Reality:
An Autobiographical Postscript. In: ISIS, 1986, 77:
278-282, S. 281:*
„*I myself had feelings of incredible happiness as well
as some discomfort. I had been awarded the prize for
my work concerning disperse systems, that is, more or
less for my total body of work. It seemed to me that
only my last investigations, the works on proteins used
in the ultracentrifuge, could really be seriously*

considered. And these were just begun. Thus, actually, the Nobel prize committee in chemistry was right – I should have been allowed to wait at least a couple of years. I lay awake brooding allnight and felt more and more unhappy. I promised myself to use the following ten years of my life to make myself worthy of the prize. And so it also worked out, too."
(Die Übersetzung aus dem Schwedischen ins Englische stammt von Per Tenius, zu jener Zeit Direktor des Schwedischen Instituts für Oberflächenchemie in Stockholm. Die Übersetzung des Zitats aus dem Englischen ins Deutsche wurde vom Autor vorgenommen).

/11/ *Ebenda. Der englische Text lautet: „The Nobel Prize meant a considerable economic alleviation for me, and more important it strengthened my position."*

/12/ *Brecht, Bertolt: Leben des Galilei. In: Bertolt Brecht, Stücke 1, Berlin und Weimar, 3. Auflage 1981, S. 666.*

/13/ *Ossietzky, Carl von: Wintermärchen. In: Die Weltbühne, 3. Januar 1933, S. 441.*

/14/ *Zitiert nach Titelblatt des Buches von Manfred Weber: Carl von Ossietzky und die Nationalsozialisten, Berlin, 1999.*

/15/ *JOSEPH GOEBBELS TAGEBÜCHER 1924–1945 Herausgegeben von Ralf Georg Reuth BAND 3 1935– 1939 Erweiterte Sonderausgabe 1999, S. 1012.*

/16/ *Maud von Ossietzky erzählt, Berlin, 1988, S. 117 und 193.*

/17/ *siehe /15/, S. 1013 und 1014.*

/18/ *Zitiert nach Manfred Weber: Carl von Ossietzky und die Nationalsozialisten, Berlin 1999, S. 164.*

/19/ *Zitiert nach Wilhelm von Sternburg "Es ist eine unheimliche Stimmung in Deutschland" Carl von Ossietzky und seine Zeit, Berlin, 1996, S. 280.*

/20/ *Brief von Otto Diels an Alfred Stock vom 25. Oktober 1937, Archiv der MPG, Abt.III, Rep. 56, Nachlaß Alfred Stock, Laufzeit 1936–1939.*

/21/ Brief des Reichsministers für Volksaufklärung und Propaganda an den Führer Adolf Hitler, Bundesarchiv R55/1017, Bl. 146 und 147.

/22/ Djerassi, Carl: Cantors Dilemma Ein Nobelpreis-Roman, Zürich 1991, S. 189.

/23/ Archiv zur Geschichte der MPG , Abt.III, Rep. 25, Nr. 48/2.

/24/ Wesentliche Stationen in der steilen Karriere dieses NS-Funktionärs waren: 1935 Ordentlicher Professor für Wehrchemie, 1936 Präsident der Deutschen Forschungsgemeinschaft, 1939 Vizepräsident des Reichsforschungsrates, 1941 Zweiter Vizepräsident der Kaiser Wilhelm-Gesellschaft.

/25/ In: Gerhard Domagk: "Lebenserinnerungen" ,Bayer AG Unternehmensgeschichte, Archiv, Signatur 271/2, S. 127.

/26/ Brief von Prof. Mevius an Gerhard Domagk vom 2. November1939. In: Gerhard Domagk: "Lebenserinnerungen"; Bayer AG Unternehmens-geschichte, Archiv, Signatur 271/2, S. 128.

/27/ Gerhardt Domagk: "Lebenserinnerungen", Bayer AG Unternehmensgeschichte, Archiv, Signatur 271/2 S. 129-130.

/28/ Bundesarchiv, Akten der Reichskanzlei, R43II/ 910 b, S. 51-52.
Der in deutscher Schrift geschriebene Brief ist von Domagk versehentlich auf den 8. Oktober 1939 datiert. Unter der Monatsangabe befindet sich in lateinischer Schrift und in Klammern der Vermerk ,(Nov.)', der wahrscheinlich vom Empfänger – der Reichskanzlei – stammt.

/29/ Brief von Seiten des Auswärtigen Amtes vom 8. Dezember 1939 an den Reichsminister und Chef der Reichskanzlei, siehe Bundesarchiv wie vorstehend S. 55.

/30/ Nordrhein-Westfälisches Hauptstaatsarchiv, Düsseldorf, Akte der Staatspolizeileitstelle Düsseldorf über Professor Gerhard Domagk, die anlässlich der Verhaftung im Zusammenhang mit der Verleihung des

Nobelpreises angelegt wurde; Signatur: RW 58 Nr.
14040, Bl.6.

/31/   Ebenda, Bl.4.

/32/   Ebenda, Bl.8.

/33/   Ebenda, Bl.11.

/34/   Ebenda, Bl.11.

/35/   Ebenda, Bl.15.

/36/   Ebenda, Bl.18.

/37/   Ebenda, Bl.13.

/38/   Ebenda, Bl.19.

/39/   Ebenda, Bl.20.

/40/   Gerhard Domagk: „Lebenserinnerungen", Bayer AG
        Unternehmensgeschichte, Archiv, Signatur 271/2,
        S.132.

/41/   Ebenda, S. 133.

/42/   Nordrheinisch-Westfälisches Hauptstaatsarchiv,
        Düsseldorf. Akte der Staatspolizeileitstelle Düsseldorf
        über Professor Domagk; RW 58 Nr. 14040, Bl.25.

/43/   Ebenda, Bl.26.

/44/   Gerhard Domagk: "Lebenserinnerungen", Bayer AG
        Unternehmensgeschichte, Archiv, Signatur 271/2 S.
        133.

/45/   Brief von Adolf Butenandt an die Königliche
        Schwedische Akademie der Wissenschaften Stockholm
        zu Händen des Sekretärs Herrn Prof. A Westgren vom
        10. November 1948. The Nobel Archive of The Royal
        Swedish Academy of Sciences, Stockholm.
        Vetenskapsakademiens Protokol 1948 Ang.
        Nobelärenden, Bl.87f.

/46/   Ebenda, Bl.75.

/47/   Ebenda, Bl.87d.

/48/   Brief der Königlichen Schwedischen Akademie der
        Wissenschaften vom 17. November 1939 an Richard
        Kuhn. Archiv zur Geschichte der MPG, Abt. III,
        Rep.25, Nr. 48/2.

/49/   Brief von Richard Kuhn an die Königliche
        Schwedische Akademie der Wissenschaften vom 19.
        Oktober 1948. The Nobel Archive of The Royal
        Swedish Academy of Sciences. Vetenskapsakademiens
        Protocol 1948 Ang. Nobelärenden, Bl.87 b und Bl.87c.

/50/ Karlson, Peter: Adolf Butenandt Biochemiker Hormonforscher Wissenschaftspolitiker, Stuttgart 1990, S. 106.

/51/ Brief von Adolf Butenandt an die Königlich-Schwedische Akademie der Wissenschaften vom 25. November 1939. The Nobel Archive of The Royal Academy of Sciences, Stockholm. Attachments to Protocols 1938–40, Bl.136.

/52/ Zitiert nach Wolfgang Schieder: Adolf Butenandt zwischen Wissenschaft und Politik: Von der Weimarer Republik bis in die Bundesrepublik Deutschland. In: 100. Geburtstag Adolf Butenandt Veranstaltung zur Würdigung seines Lebenswerks, S.32. Herausgeber: Referat für Presse und Öffentlichkeitsarbeit der Max-Planck-Gesellschaft zur Förderung der Wissenschaften e.V. , München, Dezember 2003.

/53/ Brief von Richard Kuhn vom 28. November 1939 an die ‚Königl. Schwedische Akademie der Wissenschaft'. The Nobel Archive of The Royal Academy of Sciences, Stockholm. Attachments to Protocols 1938–40, Bl.137.

/54/ Das Werk eines Lebens / Adolf Butenandt. Hrsg. Von der Max-Planck-Gesellschaft Bd. 2: Wissenschaftspolitische Aufsätze, Ansprachen und Reden, 1981, S.3.

/55/ Brief von Seiten der Nobelstiftung vom 9. April an Jobst Klinkmüller. The Nobel Archive of The Royal Swedish Academy of Sciences, Vetenskapsakademiens Protocol 1948 Ang. Nobelärenden, Bl. 85.

/56/ Ebenda, Bl.86.

/57/ Brief von Jobst Klinkmüller vom 5. Mai 1948 an die Nobelstiftung. The Nobel Archive of The Royal Swedish Academy of Sciences. Vetenskapsakademiens Protocol 1948 Ang. Nobelärenden, Bl.83.

/58/ Ebenda.

/59/ Ebenda, Bl.84.

/60/ Brief von L. Engel-Ebhard vom 2. August 1948 an die Nobelstiftung. The Nobel Archive of The Royal Swedish Academy of Sciences. Vetenskapsakademiens Protocol 1948. Ang. Nobelärenden, Bl.74.

/61/ Brief von Richard Kuhn vom 19. Oktober 1948 an die Kgl. Schwedische Akademie der Wissenschaften. The Nobel Archive of The Royal Swedish Academy of Sciences. Vetenskapsakademiens Protocol 1948. Ang. Nobelelärenden, Bl.87c.

/62/ Deichmann, Ute: Flüchten Mitmachen Vergessen Chemiker und Biochemiker in der NS-Zeit, Weinheim 2001.

/63/ Berichte der Deutschen Chemischen Gesellschaft 75 (A), 147, 1942.

/64/ Deichmann, Ute: Flüchten Mitmachen Vergessen Chemiker und Biochemiker in der NS-Zeit, Weinheim 2001, S. 14.

/65/ Brief der Schwedischen Akademie der Wissenschaften vom 7. Oktober 1948 an Jobst Klinkmüller. The Nobel Archive of The Royal Swedish Academy of Sciences. Vetenskapsakademiens Protocol 1948, Ang. Nobelärenden, Bl.77.

/66/ Ebenda, Bl.76.

/67 Archiv der MPG, Abt.I, Rep.11, Nr.290, Personalakte Meitner. Zitiert nach Kant, Horst: Vom KWI für Chemie zum KWI für Radioaktivität. In: Dahlemer Archivgespräche 8, 2002, S. 68.

/68/ Kant, Horst: Vom KWI für Chemie zum KWI für Radioaktivität. In Dahlemer Archivgespräche 8, 2002, S. 57-92.

/69/ Noddack, Ida: Über das Element 93 . In : Angewandte Chemie (47), Nr.37, 1934, S. 654.

/70/ Kant, Horst: Vom KWI für Chemie zum KWI für Radioaktivität. In: Dahlemer Archivgespräche 8, 2002, S. 89.

/71/ Otto Hahn an Lise Meitner, 19. Dezember 1938 (Meitner Collection Churchill Archives Centre, Cambridge; zitiert nach Sime Lewin, Ruth: Lise Meitner Ein Leben für die Physik, Frankfurt am Main und Leipzig 2001, S. 296ff.

/72/ O. Hahn und F. Straßmann: Über den Nachweis und das Verhalten der bei der Bestrahlung des Urans mittels Neutronen entstehenden Erdalkalimetalle. In: Die Naturwissenschaften, Heft 1, 6.1.1939, S. 15.

/73/   Otto Hahn und Fritz Strassmann: Nachweis der Entstehung aktiver Bariumisotope aus Uran und Thorium durch Neutronenbestrahlung; Nachweis weiterer aktiver Bruchstücke bei der Uranspaltung. In: Die Naturwissenschaften vom 10.2. 1939, S. 95.

/74/   Ebenda.

/75/   Lemmerich, Horst: Lise Meitner Max von Laue, Briefwechsel 1938–1948, Berlin, 1998, S, 411.

/76/   Krafft, Fritz: Im Schatten der Sensation Leben und Wirken von Fritz Straßmann, 1981, S. 468.

/77/   Sime Lewin, Ruth: Lise Meitner Ein Leben für die Physik, Frankfurt am Main und Leipzig, 2001, S. 601.

/78/   Krafft, Fritz: Im Schatten der Sensation, Leben und Wirken von Fritz Straßmann, Weinheim, 1981, S.VI-VII.

/79/   Ebenda, S. 479.

/80/   Ebenda, S. 469.

/81/   Otto Hahn: Mein Leben, München, 6. Auflage 1986, S. 187.

/82/   Archiv zur Geschichte der MPG, Abt. III, Rep. 14, Nr. 6670, Bl.9.

/83/   Meitner an Birgit Broomé Aminoff vom 20. November 1945 (MC), zitiert nach Ruth Lewin Sime: Lise Meitner Ein Leben für die Physik, Frankfurt am Main und Leipzig, 2001, S. 420.

/84/   The Politics of Excellence Behind the Nobel Prize in Science, New York 2001, S. 244 ff.

/85/   Ebenda, S.250.

/86/   Otto Hahn, Mein Leben, München, 6. Auflage 1986, S.206.

/87/   Der Ehrendoktor. In: Der Spiegel, 19. November 1958 S. 57ff.

/88/   Strömberg, Kjell: Kleine Geschichte der Zuerkennung des Nobelpreises an Boris Pasternak. In: Nobelpreis für Literatur 1957–1958 CAMUS/PASTERNAK, Coron Verlag, Lachen am Zürichsee 1994, S.13-14.

/89/   Der Ehrendoktor. In : Der Spiegel, 19. November 1958, S. 57ff.

/90/   Strömberg, Kjell: Kleine Geschichte der Zuerkennung des Nobelpreises an Boris Pasternak. In: Nobelpreis

für Literatur 1957/1958 CAMUS/PASTERNAK, Coron
Verlag, Lachen am Zürichsee, 1994, S. 11.

/91/ Ebenda,: S.14/15.

/92/ Ebenda, S. 14.

/93/ Der Ehrendoktor. In: Der Spiegel, 19. November 1958,
S.57ff.

/94/ Neruda, Pablo: Ausgewählte Werke Ich bekenne Ich
habe gelebt Memoiren Berlin 1973, 3. Auflage, S.
405.

/95/ Zitiert nach Contat, Michel: Riens dans les mains,
riens dans les poches. In : Quai Voltaire, revue
litteraire, n°6, automne1992, p.87.

/96/ Bartholet, Denis: SARTRE, Paris 2000, S. 468.

/97/ Aus der Rede Willy Brandts anlässlich der Verleihung
des Friedensnobelpreises 1971 in Oslo.

/98/ Isaacson, Walter: Kissinger: Biographie, Berlin 1993,
S. 560.

/99/ Westphal, O.: Richard Kuhn zum Gedächtnis. In:
Angew. Chem./80. Jahrg.1968/Nr.13, S. 512.

/100/ Ebbinghaus, Angelika /Roth, Karl Heinz:
Vernichtungsforschung: Der Nobelpreisträger Richard
Kuhn, die Kaiser Wilhelm-Gesellschaft und die
Entwicklung von Nervenkampfstoffen während des
»Dritten Reichs«. In: Zeitschrift für Sozialgeschichte
des 20. und 21. Jahrhunderts, Heft 1/2002, S. 36.

/101/ Weggel, Oskar: Le Duc Tho - ein Falke mit dem
Friedenspreis. In: Der Friedensnobelpreis von 1901
bis heute, Edition Pacis AG Zug/Schweiz, 1991, S.157-
158.

/102/ Glum, Friedrich: Zwischen Wissenschaft Wirtschaft
und Politik Erdachtes und Erlebtes in vier Reichen,
Bonn 1964, S. 450.

Dokumente

Reichsgeſetzblatt

Teil I

| 1937 | Ausgegeben zu Berlin, den 16. März 1937 | Nr. 33 |

Im Teil II, Nr. 12, ausgegeben am 15. März 1937, ſind veröffentlicht: Geſetz über die Errichtung einer Deutſchen Handelsvertretung in Hſinking. — Verordnung über die vorläufige Anwendung eines deutſch-norwegiſchen Verrechnungsabkommens. — Bekanntmachung zum § 35 des Warenzeichengeſetzes. — Bekanntmachung über den Schutz von Erfindungen, Muſtern und Warenzeichen auf einer Ausſtellung. — Bekanntmachung über den Schutz von Erfindungen, Muſtern und Warenzeichen auf einer Ausſtellung.

Erlaß des Führers und Reichskanzlers
über die Stiftung eines Deutſchen Nationalpreiſes für Kunſt und Wiſſenſchaft.

Vom 30. Januar 1937.

Um für alle Zukunft beſchämenden Vorgängen vorzubeugen, verfüge ich mit dem heutigen Tage die Stiftung eines Deutſchen Nationalpreiſes für Kunſt und Wiſſenſchaft.

Dieſer Nationalpreis wird jährlich an drei verdiente Deutſche in der Höhe von je 100 000 Reichsmark zur Verteilung gelangen.

Die Annahme des Nobelpreiſes wird damit für alle Zukunft Deutſchen unterſagt.

Die Ausführungsbeſtimmungen wird der Reichsminiſter für Volksaufklärung und Propaganda erlaſſen.

Berlin, den 30. Januar 1937.

Der Führer und Reichskanzler
Adolf Hitler

Dokument 1:   Reichsgesetzblatt, Teil 1, 1937
                    Nr. 33 vom 16. März 1937, S. 305

Betrifft: Die Beteiligung deutscher Wissenschaftler an den Vorschlägen
für die Nobelpreise.

Um Unklarheiten zu beseitigen, wird folgendes festgestellt:
Abgesehen davon,daß die Annahme sowohl des Friedensnobelpreises als
auch der wissenschaftlichen Nobelpreise nach dem Erlaß des Führers und
Reichskanzlers über die Stiftung eines deutschen Nationalpreises für Ku
und Wissenschaft vom 30.Januar 1937 (RGBl.I Seite 305) Deutschen untersagt ist, muß auch eine Beteiligung deutscher Wissenschaftler bei der B
nennung und Begutachtung von Nobelpreisanwärtern unterbleiben. Dies gil
sowohl für den Friedensnobelpreis als auch für die wissenschaftlichen N
belpreise.
Ich ersuche, diesen Erlaß vertraulich den dort geführten Wissenschaft
lern zur Kenntnis zu bringen. Der Erlaß wird nicht im Ministerialamtsbl
veröffentlicht.

In Vertretung

) die nachgeordneten Dienst-
  stellen der preußischen
  Verwaltung,
) die Hochschulverwaltungen der Länder
  (außer Preußen -,
) die Kaiser-Wilhelm-Gesellschaft zur Förderung der Wissenschaften,
) die Physikalisch-Technische Reichsanstalt.

Kaiser - Wilhelm - Gesellschaft
zur Förderung der Wissenschaften
Berlin C2, Schloss, Port. III, Hof pt.r.

Dokument 2:   **Die Beteiligung deutscher Wissenschaftler
an den Vorschlägen für die Nobelpreise**
Quelle: Archiv zur Geschichte der MPG, Abt. IX/Rep.4A

KAISER WILHELM-INSTITUT FÜR BIOCHEMIE.

)F. A. BUTENANDT
DIREKTOR.

BERLIN-DAHLEM, DEN 25. November 19 39-
Thiel-Allee 69-73 (Bahnstation: Lichterfelde-West.)
Fernsprecher: 76 25 56, 76 25 57

E

An die

Königlich-Schwedische Akademie der Wissenschaften,

S t o c k h o l m 50.

Von der Mitteilung, dass mir die Königlich-Schwedische Akademie der Wissenschaften einen Nobelpreis für Chemie zuerkannt
hat, habe ich inzwischen erhalten.

Nachdem ich mich inzwischen über die hierbei in Betracht
kommenden Zusammenhänge näher informiert habe, kann ich nur mein
Erstaunen über diesen Beschluss zum Ausdruck bringen. Nach der
Verleihung des Friedens-Nobelpreises an den wegen Landesverrat
verurteilten Karl von O s s i e t z k y im Jahre 1936, die in
Deutschland allgemein als beleidigende Demonstration gegen das
Deutsche Reich angesehen wurde, ist allen Deutschen für immer
die Annahme eines Nobelpreises gesetzlich verboten worden. Die
Befolgung dieses Verbots versteht sich für jeden Deutschen von
selbst. Das war ohne Zweifel auch der Königlich-Schwedischen Akademie der Wissenschaften bekannt. Wenn sich die Akademie trotzdem
zu der Verleihung eines Preises an mich entschlossen hat, kann ich
darin nur eine bewusste Nichtachtung der in Deutschland geltenden
Bestimmungen und den Versuch sehen, mich zu veranlassen, dass ich
mich ausserhalb der Deutschen Volksgemeinschaft stelle. Ich muss
deshalb gegen dieses Vorgehen der Akademie ausdrücklich Verwahrung
einlegen und die Annahme des Preises ablehnen.

Adolf Butenandt

Dokument 3: Ablehnungsbrief von Adolf Butenandt
Quelle: The Nobel Archive of the Royal Swedish Academy of
Sciences, Stockholm. Attachements to Protocols 1938-40,
Bl.136.
Im Interesse der besseren Lesbarkeit des vorstehenden Textes
wird nachfolgend eine Abschrift wiedergegeben:

An die
Königlich-Schwedische Akademie der Wissenschaften,
Stockholm 50

Von der Mitteilung, dass mir die Königlich-Schwedische Akademie der Wissenschaften einen Nobelpreis für Chemie zuerkannt hat, habe ich Kenntnis erhalten.

Nachdem ich mich inzwischen über die hierbei in Betracht kommenden Zusammenhänge näher informiert habe, kann ich nur mein Erstaunen über diesen Beschluss zum Ausdruck bringen. Nach der Verleihung des Friedens-Nobelpreises an den wegen Landesverrat verurteilten Karl von Ossietzky im Jahre 1936, die in Deutschland allgemein als beleidigende Demonstration gegen das Deutsche Reich angesehen wurde, ist allen Deutschen für immer die Annahme eines Nobelpreises gesetzlich verboten worden. Die Befolgung dieses Verbots versteht sich für jeden Deutschen von selbst. Das war ohne Zweifel auch der Königlich-Schwedischen Akademie der Wissenschaften bekannt. Wenn sich die Akademie trotzdem zu der Verleihung eines Preises an mich entschlossen hat, kann ich darin nur eine bewusste Nichtachtung der in Deutschland geltenden Bestimmungen und den Versuch sehen, mich zu veranlassen, dass ich mich außerhalb der deutschen Volksgemeinschaft stelle. Ich muss deshalb gegen dieses Vorgehen der Akademie nachdrücklich Verwahrung einlegen und die Annahme des Preises ablehnen.

Adolf Butenandt

Abschrift des Brieftextes von Adolf Butenandt

KAISER WILHELM-INSTITUT
FÜR MEDIZINISCHE FORSCHUNG
INSTITUT FÜR CHEMIE

HEIDELBERG, 28. November 1939
TELEFON 4782

DIREKTOR PROF. DR. R. KUHN

An die

Einschreiben

Königl. Schwedische Akademie der Wissenschaften

S t o c k h o l m

Sehr geehrte Herren !

Von der Mitteilung, wonach mir die Königlich Schwedische Akademie der Wissenschaften den Nobel-Preis für Chemie
verliehen hat, habe ich mit grösstem Befremden Kenntnis genommen. Der Akademie kann nicht unbekannt sein, dass durch einen
Erlass des Führers und Reichskanzlers vom 30. Januar 1937
jedem Deutschen für alle Zukunft die Annahme eines Nobel-Preises
untersagt worden ist. Unter diesen Umständen kann ich in der
Verleihung des Preises nicht die Absicht der Ehrung eines
deutschen Gelehrten, sondern nur den Versuch sehen, einen
Deutschen zu einem Verstoss gegen den Erlass seines Führers
und damit zu einem Treubruch zu veranlassen. Ich muss eine
derartige Zumutung auf das entschiedenste zurückweisen und
lehne hiermit die Annahme des Preises ab.

*Des Führers Wille
Ist Unser Glaube*

Richard Kuhn

Dokument 4:   Ablehnungsbrief von Richard Kuhn
Quelle: The Nobel Archive of the Royal Swedish Academy of
Sciences, Stockholm. Attachments to Protocols 1938-40, Bl.7
Im Interesse einer besseren Lesbarkeit des vorstehenden Textes
wird nachfolgend eine Abschrift wiedergegeben:

An die
Königl. Schwedische Akademie der Wissenschaften
Stockholm

Sehr geehrte Herren!

Von der Mitteilung, wonach mir die Königlich Schwedische Akademie der Wissenschaften den Nobel-Preis für Chemie verliehen hat, habe ich mit größtem Befremden Kenntnis genommen. Der Akademie kann nicht unbekannt sein, dass durch einen Erlass des Führers und Reichskanzlers vom 30. Januar 1937 jedem Deutschen für alle Zukunft die Annahme eines Nobel-Preises untersagt worden ist. Unter diesen Umständen kann ich in der Verleihung des Preises nicht die Absicht der Ehrung eines deutschen Gelehrten, sondern nur den Versuch sehen, einen Deutschen zu einem Verstoß gegen den Erlass seines Führers und damit zu einem Treubruch zu veranlassen. Ich muss eine derartige Zumutung auf das entschiedenste zurückweisen und lehne hiermit die Annahme des Preises ab.

Des Führers Wille
Ist unser Glaube

Richard Kuhn

Abschrift des Brieftextes von Richard Kuhn

Dr. Richard Kuhn

Heidelberg, den 19.Oktober 1948
Wilckensstrasse 23

An die
Kgl. schwedische Akademie
der Wissenschaften
Stockholm

Nr 671   Inkom til
K. VETENSKAPSAKADEMIEN
den ....26. okt..... 19 48.

     Seit bald 9 Jahren bedrückt mich das Bedürfnis der
Kgl. schwedischen Akademie der Wissenschaften aufrichtig zu
danken für das ehrenvolle Telegramm, das ich am 10.November
1939 erhalten habe und für das nachfolgende Schreiben.
     Aus dem Wunsche heraus alles zu bereinigen, was
dem völkerverbindenden Geiste Alfred Nobels Abbruch tun könnte,
möchte ich nicht länger damit warten meinem tiefen Bedauern
über alles Ausdruck zu verleihen, was in einer nunmehr ver-
gangenen Zeit darauf abgezielt hat, das Ansehen und die Würde
Jhrer Akademie zu schmälern. Das Bewusstsein, persönlich der-
artigen Bestrebungen - wenn auch nur äusserlich und unter
Druck - nachgegeben zu haben, lastet schwer auf mir. In meinem
Glauben an die einzigartige Mission, welche die Kgl. schwedische Akademie als Hüterin der Wissenschaften mit dem Ziel
eines besseren Verständnisses der Menschen untereinander übernommen hat und durchführt, habe ich zu keiner Zeit auch nur
im geringsten gewankt.
     Wie es dazu gekommen ist, dass mein Name unter einem
Brief steht, dessen Text nicht von mir verfasst war, möchte
ich kurz schildern.

     Einige Stunden nach Erhalt des Telegramms aus
Stockholm am 10.11.39 habe ich an Herrn Prof. Dr. H.v.Euler
das beiliegende Schreiben gesandt.
     Kurz darauf wurde ich von Heidelberg nach Berlin
beordert, wo ich als erstes erfuhr, dass Herr Prof.Dr.G.Domagk
im Zusammenhang mit der Verleihung des Nobelpreises verhaftet
worden sei.
     In Berlin fand eine "Besprechung" statt, bei der Herr
Prof.Dr. A. Butenandt und ich Herrn Ministerialdirektor R.
Menzel sowie einem mir unbekannten Herrn gegenübersassen.
     Auf dem Tisch lagen 3 mit Schreibmaschine beschrie-
bene Briefbogen ohne Kopf. Es handelte sich um den Wortlaut
der Briefe, die Herr Domagk, Herr Butenandt und ich später an
die Kgl. schwedische Akademie der Wissenschaften in Stockholm
abgeschickt haben. Der Herrn Domagk vorgeschriebene Text war
am längsten.
     Herr Butenandt und ich haben versucht wenigstens die
überheblichsten und für die Akademie in Stockholm beleidigendsten sowie sachlich unrichtige Stellen der Texte abzuändern.
Dies blieb jedoch ohne Erfolg. Der uns gegenübersitzende, mir
unbekannte Herr erklärte, es sei "jedes Wort vom Führer persönlich" gutgeheissen und "unabänderlich".
     Am Ende dieser "Besprechung" wurde uns bekannt gege-
ben, dass die Briefe nicht gleichzeitig abgeschickt werden
dürften. Herr Butenandt und ich erhielten die Tage der Absendung genau vorgeschrieben und die Texte ausgehändigt.

Prof.Dr. Richard Kuhn

Heidelberg,
Wildenstrasse 23

Abschrift.

Heidelberg, den 10.Nov.1939

Prof.Dr. Richard Kuhn

- 2 -   Heidelberg,
Wildenstrasse 23

In der Zeit zwischen der Überreichung des Textes
in Berlin und seiner Unterzeichnung in Heidelberg haben mich
das Propagandaministerium und die Gestapo an den Fälligkeits-
termin der Unterzeichnung "erinnert".

Dies ist der Gang der Ereignisse im November 1939
gewesen. Eine Rechtfertigung oder Entschuldigung dafür, dass
ich den Text unterzeichnet habe, will ich daraus nicht ab-
leiten. Es mag jedoch für die Kgl. schwedische Akademie der
Wissenschaften nicht ohne Interesse sein auch in gefühls-
mässige Erwägungen jener Tage Einblick zu gewinnen.
Wir wussten, dass Herr Domagk verhaftet war, konnten
aber nicht ahnen wie lange das dauern und was sein weiteres
Schicksal sein werde. Der II. Weltkrieg war eben ausgebrochen.
Heidelberg lag nahe an der Front. Die Verweigerung der Unterschrift wäre wohl mit dem Entschluss gleichbedeutend gewesen, das Kaiser Wilhelm-Institut für medizinische Forschung,
aber auch meine Frau und unsere 5 Kinder in dieser Situation
im Stich zu lassen.
Besonderen Eindruck auf mich hat ein Brief meines
Lehrers R.Willstätter ausgeübt, der damals als Emigrant im
Tessin lebte und dem ich bis zu seinem Tode eng verbunden
blieb. Dieser Brief aus Muralto bei Locarno ist an demselben
Tage geschrieben, an dem ich das Telegramm der Kgl.schwedi-
schen Akademie der Wissenschaften erhalten hatte; er traf
2 Tage später in Heidelberg ein. Willstätter hatte durch
die Presse bezw. Radio erfahren, dass ich die Annahme des
Nobelpreises abgelehnt hätte. Diese Nachricht ist eine Propa-
gandalüge gewesen. Die Unterzeichnung des Berliner Textes
durch mich erfolgte erst viel später. Damals war ich weder
gefragt worden, wie ich mich verhalten würde, noch hatte
ich mich sonst irgendwie zu dieser Frage je zuvor geäussert.
Es ist für mich schmerzlich gewesen meinem Lehrer nicht
gleich berichten zu können, dass die Nachricht unwahr sei.
Erst 2 Jahre später hat meine Frau in der Schweiz R. Willstätter persönlich aufgesucht und ihm den wahren Sachverhalt schildern können. Bei der Unterzeichnung des Berliner
Textes stand ich unter dem Eindruck, dass im Ausland die
Nachricht von der Ablehnung des Nobelpreises durch mich
fälschlicherweise als vollzogene Tatsache bereits verbreitet
war.
Mit vielen guten Wünschen für eine ungestörte
Zukunft in Dankbarkeit und Ergebenheit

Richard Kuhn

Dokument 5: 'Erklärungsbrief' von Richard Kuhn
Quelle: The Nobel Archive of the Royal Swedish Academy of
Sciences, Stockholm. Vetenskapsakademiens.Protocol 1948
Ang. Nobelärenden Bl.87b und Bl.87c.